Pier Paolo Pasolini

Der Traum von einer Sache

MEDUSA

PIER PAOLO PASOLINI

Der Traum von einer Sache

Aus dem Italienischen von Hans-Otto Dill

Illustrationen von Harald Metzkes

Lizenzausgabe für die Medusa Verlagsgesellschaft m.b.H. Berlin–Wien

Originalausgabe: Il sogno di una cosa,
erschienen bei Aldo Garzanti Editore, Milano

Printed in the German Democratic Republic
Redakteur: E. A. Nicklas
Einbandentwurf: Harald Metzkes
Satz, Druck und Einband: Karl-Marx-Werk Pößneck
ISBN: 3-88602-062-2

Unser Wahlspruch muß also sein: Reform des Bewußtseins nicht durch Dogmen, sondern durch Analysierung des mystischen, sich selbst unklaren Bewußtseins, trete es nun religiös oder politisch auf. Es wird sich dann zeigen, daß die Welt längst den Traum von einer Sache besitzt ...

Karl Marx, Brief an Ruge, Kreuznach
(September 1843)

Erster Teil
1948

1 Vom frühen Morgen an füllen sich bei schönem Wetter Landstraße und Feldwege nach Casale mit Menschen, die zur Ostermontagskirmes gehen. Die weiten Wiesen mit ihrem noch winterlichen, starren und spärlichen Grün, hier und da von einem rosa Pfirsichzweig belebt, wimmeln auf einmal von Spaziergängern, die sich unterhalten, scherzen, hin und her laufen; an den Gräben grasen ohne Zaumzeug Pferde, und einige Burschen im Sonntagsstaat versuchen, auf ihnen zu reiten. Knaben springen zwischen den großen Fahrradständen umher und schwingen ihre Degen aus entrindeten Zweigen, während die kleinen Mädchen in ihren orangefarbenen, lila oder grünen Blusen still unter den knospenden Holundersträuchern spielen. Die Tanzflächen sind noch leer, und die unzähligen Papierfähnchen an den Drähten der Lampen bewegen sich schwach in der leichten Brise, die vom Meer her weht. Im Norden versinkt das Rund der Carniaberge im hellen verschleierten Weiß der ersten Frühlingstage.

Ohne voneinander zu wissen, waren Nini, Milio und Eligio – jeder mit einer Schar Freunde – am frühen Nachmittag aus ihren Heimatdörfern zum Fest aufgebrochen.

Die drei kannten sich seit langem vom Sehen, sie waren einander auf vielen Kirmessen begegnet; alle drei gehörten zu den besten jungen Leuten auf dem rechten Ufer des Flusses. Nini Infant fuhr mit einem Freund aus Ligugnana nach Casale. An den Lenker seines Fahrrads hatte er einen Weißdornzweig gesteckt, und da er schon am Morgen ein wenig getrunken hatte, ließ er kein Mädchen vorbei, ohne sie mit lautem Hallo und Schmeicheleien zu überschütten. Er war in prächtiger Laune. In Casale schob er sein Rad in die Aufbewahrung wie einer, der sich, obwohl ortsfremd, als Hauptperson des Abends fühlt. Und die Jungen von der Aufbewahrung empfingen ihn auch gleich diensteifrig, mit unbekümmerter und ein wenig ironischer Sympathie. Nachdem Nini sein Fahrrad abgegeben hatte, klemmte er sich einen Mandelzweig zwischen die Lippen und ging, von seiner Umwelt Besitz zu ergreifen.

Nicht weniger abgehetzt als Nini, traf inzwischen aus Rosa eine Gruppe fünfzehn- bis zwanzigjähriger Burschen ein – das Jackett über der Schulter, den Pullover mit breiten farbigen Streifen um die Brust geschlungen. Unter ihnen – mit leicht gewelltem Haar und Augen wie aus blauem Kristall – radelte Milio mit umgehängter Harmonika. Kaum hatten sie sich ihrer Fahrräder entledigt, da spielte Milio schon schwungvoll unter dem Lachen und Johlen seiner Begleiter einen Paso doble.

Schließlich traf der Dritte im Bunde ein, Eligio Pereisson. Er stand auf einem Wagen, der mit Mädchen und Jungen beladen war, und lenkte einen nickenden, in der Menschenmenge immer wieder ausgleitenden Schimmel. Die Mädchen sangen, winkten mit Taschentüchern oder schwenkten Mandelblütenzweige, die sie unterwegs abgerissen hatten. Kaum waren sie auf der Festwiese angekommen, als sie auch schon drängend und lärmend ausschwärmten. Eligio blieb und versorgte mit Hilfe seines Bruders Onorino das Pferd. Als das getan war, blickte er sich suchend nach seinen Gefährten um, die im Gewühl der Menge untergetaucht waren.

Nini, Eligio und Milio waren alle drei in einem Alter, in dem eine Ziehharmonika etwas bedeutet; durch sie sollten sie sich kennenlernen – durch die Ziehharmonika Milios, der unter zwei Weißdornsträuchern im Kreise seiner Freunde spielte. Nini stand auch schon dort, die Hände in den Hosentaschen, und hörte zu. Er machte eine leicht ironische, herausfordernde Miene, so daß es den Anschein hatte, als wollte er etwas sagen: eine Kritik am Paso doble oder sonst eine Bemerkung, vielleicht auch ein Kompliment. Jedenfalls schaute er recht selbstbewußt und fröhlich drein. Die Burschen aus Rosa aber beachteten ihn kaum, nur Milio sah ihn plötzlich stehen und spielte besonders schwungvoll, legte alles in die Musik hinein, als spielte er für ihn allein.

Mittlerweile war auch Eligio erschienen und stellte sich neben Nini. Sie sahen einander verstohlen an, fanden aber nicht den Mut zu einer Unterhaltung. Die aus Rosa entschlossen sich auf einmal, anderswohin zu gehen, zu den noch unbenutzten Tanzflächen oder zu der Baracke, die als Osteria diente. Sie schleppten Milio mit, der noch immer spielte. So blieben Nini und Eligio bei dem Weißdorn allein. Sie maßen einander wieder mit einem Blick, und schließlich raffte sich Nini auf und sagte: „Sie sind aus San Giovanni, nicht wahr?"

„Ja", antwortete Eligio höflich. „Und Sie aus Ligugnana, wenn mich nicht alles täuscht. Wir sind uns dort ein paarmal auf dem Jahrmarkt begegnet ..."

„Am Sonntag hab ich Sie in Mure gesehen mit so einer Hübschen. Die kenne ich, sie ist aus Gruaro ... sie geht immer mit einer, die auch sehr hübsch ist, aber bisher ist es mir nicht gelungen, sie anzusprechen ..."

„Kann sein, sie kommen heute hierher“, sagte Eligio. „Wenn Sie wollen, mache ich Sie mit ihnen bekannt . . .“

„Das wäre großartig! Wollen wir nicht ein Gläschen trinken?“

„Ja, gehen wir!“

Nun hatten sie endlich miteinander Bekanntschaft geschlossen. Seit langem wünschte jeder von ihnen, den anderen kennenzulernen, und achtete deshalb auf den anderen. Einmal wäre es beinahe zu einem Streit zwischen ihnen gekommen, weil einer den anderen versehentlich beim Tanz gerempelt hatte. Seitdem mochten sie sich. Und nun, nach der ersten Fühlungnahme, waren sie sofort Feuer und Flamme füreinander. Der Gedanke, ein Gläschen zu trinken – der platteste Gedanke, den sie in dem Augenblick haben konnten –, schien ihnen außerordentlich. Und als sie erst zwei, drei Glas Wein getrunken hatten, hing einer an des anderen Lippen, als wären Angelegenheiten wie eine Kirmes, die Bravour einer Tanzkapelle und die Mädchen von Gruaro Gesprächsthemen, die seit der Erschaffung der Welt zum erstenmal behandelt wurden. Nini war ein Luftikus und Eligio ein verrücktes Huhn – aber in diesem Augenblick waren sie ernst, fast stolz. Sie lachten wie Menschen, die sich über etwas ganz Besonderes erheitern, so daß die anderen ringsum erstaunt aufhorchten.

Ungefähr eine halbe Stunde später tauchten die beiden Schwestern aus Gruaro auf. Als die Jungen sie entdeckten, machten sie sich gleich an sie heran. Eligios rötliches Gesicht und die hellen, blauen Augen strahlten, doch als er bei den Mädchen war, wurde er fast würdevoll, begrüßte die beiden wie ein alter Freund und sagte dann: „Ich möchte euch einen Kumpel vorstellen!“ Er legte Nini, der sich mit seinem eigenartigen,

strahlenden Lächeln ein wenig abseits hielt, die Hand auf die Schulter und sagte: „Das ist Nini." Nini verbarg seine Verlegenheit hinter dreister Lebhaftigkeit, reichte höflich die Hand und murmelte: „Giovanni Infant. Freut mich, Sie kennenzulernen." Die Mädchen schienen zufrieden und nannten ihrerseits sehr förmlich ihre Namen. Sie waren beide nett zurechtgemacht und sahen hübsch aus mit ihrem kastanienbraunen, üppigen Haar, das in Dauerwellen nach der Mode vor zwei, drei Jahren gelegt war und bis auf die Schultern herabfiel, und mit ihren schwellenden Brüsten unter den leichten Kleidern – das eine türkis, das andere braun. Die Kleider hatten sie am Tag zuvor, am Ostersonntag, zum erstenmal getragen, so daß sie noch so makellos sauber waren wie auf dem Schneidertisch. Die Schneiderinnen allerdings waren die Mädchen selbst gewesen. Sie hatten keine roten Hände, und in ihrem Benehmen lag etwas, was sie von den Dorfmädchen unterschied. Gerade das suchten Nini und Eligio. Die beiden machten sofort herablassende, vorurteilslose Mienen – sie wollten etwas Besseres sein als einfache Bauern. Nini trug aus diesem Grunde ein Cowboyhemd und Eligio ein amerikanisches, das so blau war wie seine Augen.

Die Kapelle begann zu spielen. Heiter fluteten die Klänge der Musik über die Wiesen. Darauf hatten die beiden Paare nur gewartet – bei den ersten Takten waren sie auf der Tanzfläche, die ihnen fast allein gehörte, denn außer ihnen tanzte nur ein junges Paar von der Festleitung. Die jungen Leute, die sich nun um die Tanzfläche versammelten, schauten ihnen wie gebannt zu. Das waren Tänzer! Die brachten Leben ins Fest! Vom dritten, vierten Takt an zeigten sie auf der halbleeren Fläche – angeblich, um den freien Raum auszunutzen –, was sie konnten. Sie tanzten einen Boogie, daß die Zuschauer, denen noch kein Bart sproß, entzückt und die Mütter, die auf ihre Töchter noch ein Auge hatten, schockiert waren, dann aber doch lachen mußten. Nini und Eligio übertrafen sich selbst, denn jeder wollte dem anderen imponieren. Als der Tanz zu Ende war, mengten sie sich unter die übrigen Paare, gingen zum Orchesterpavillon, schwatzten und führten neue Tanzschritte vor, die sie als einzige in der Runde kannten. Mit den Musikern standen sie sich gut, sie durften sich die Schlager wünschen, die sie hören wollten. Der Geiger, der auch der Leiter der Kapelle war – ein dunkelhaariger, lustiger junger Mann aus Rosa –, kannte sie beide und wandte sich hin und wieder mit einer witzigen Bemerkung an sie. Das war natürlich für die Burschen aus dem Ort ein Grund mehr, die beiden Auswärtigen zu bewundern.

Milio erschien nur für eine halbe Stunde mit einem Mädchen auf der Tanzfläche; er war kein guter Tänzer wie Nini und Eligio, so blieb er ein wenig im Schatten und ging bald, nachdem er und die beiden ihm noch unbekannten Freunde einander immer wieder verstohlen gemustert hatten.

Sie trafen ihn erst nach dem Abendessen wieder. Die beiden Schwestern aus Gruaro waren fort. Die Mädchen wurden rar: die aus San Giovanni, die mit Eligio gekommen waren, konnten nicht tanzen. Sie standen mit Eligios jüngeren Brüdern Onorino und Livo beisammen, während auf der Tanzfläche großes Gedränge war. Nini und Eligio schoben sich mit ihren Gefährten, die sich inzwischen eingefunden hatten, durch die Menge. Sie tanzten wenig; sie machten sich einen Spaß daraus, den Mädchen aus Codroipo Frechheiten zu sagen. Bei der Gelegenheit stießen sie auf die Burschen aus Rosa. Das war eine vergnügte Truppe! Die waren in der Stimmung, etwas anzustellen. Sie waren wie Brandstifter, die etwas suchen, was sie in Brand stecken, in einen Scheiterhaufen verwandeln könnten; so hätten sie denen aus Casale oder Codroipo einmal richtig zeigen können, was die Jugend vom anderen Ufer des Tagliamento wert war. Zum Anzünden hatten sie nichts gefunden, aber nach dem Glanz ihrer Augen zu urteilen, war es, als hätten sie es wirklich getan. Als Nini und Eligio Milio und seinen Trupp in der Menge sichteten, riefen sie: „He, Jungs!"

„He!" erwiderten die Angeredeten.

So war auch diese Bekanntschaft geschlossen. Milio packte die Ziehharmonika und intonierte ein Te deum im Marschrhythmus. In der Baracke schien die Stimmung auf dem Höhepunkt. Dort in der Osteria begossen sie ihre Freundschaft. Man tauschte sich rasch über ein paar persönliche Dinge aus, und zwar mit jener Offenheit, die alles schön und neu erscheinen läßt, und als sich die Atmosphäre dann allmählich erwärmte, ging es ans Witzeerzählen. Noch unterhielten sie sich ziemlich ruhig. Eligio konnte ausgezeichnet Witze erzählen. Wer ihm zuhörte, der mußte lachen, und am Ende fielen alle in das gleiche, immer wiederkehrende laute Lachen ein. Es war eine Art Examen, das die drei neuen Freunde mit Sonderlob voreinander bestanden. Dann waren Lieder an der Reihe. Es war ein infernalischer Chor. Die aus Rosa waren längst betrunken und grölten wie Verrückte ein Lied nach dem anderen, die ruchlosesten, die sie kannten. Schien das Repertoire erschöpft, so gab es immer wieder einen, der ein noch mitreißenderes Lied als das vorige begann, soweit das überhaupt möglich war. Nini, vom Wein entflammt und beschwingt wie ein Vogel, hatte sich die geistlichen Lieder für einen geeigneten Augenblick aufgehoben, und als sich die Burschen aus Rosa verausgabt hatten, stimmte er sie an. Sofort fielen alle im Chor ein, und feierlich brauste der Gesang über die leeren Flaschen und die umgestürzten Gläser ...

Es war bereits tiefe Nacht, wenigstens halb zwei Uhr. Die Festwiesen waren fast leer, der Tanz war zu Ende, die Festordner schraubten hier und da die Glühlampen heraus. Die Baracke aber würde noch eine Weile geöffnet bleiben. Die Jugend vom anderen Ufer des Tagliamento hielt die Stimmung hoch und verwandelte jetzt die Baracke in eine Jahrmarktsbude. Die Burschen aus Rosa lümmelten sich mit den Beinen auf den Tisch und sangen aus Leibeskräften, sahen einander lachend in die Augen und tranken dann und wann einen Schluck Wein. Nini saß bei Basilio, seinem Freund aus Ligugnana, auf den Knien, sang und verdrehte die fröhlichen Augen, sein rabenschwarzes Haar glänzte von Schweiß und Brillantine. Ein Lied zu können war für sie alle sehr wichtig, jeden drängte es, den anderen die Lieder vorzutragen, die er kannte, er sang aber auch die Lieder der andern begeistert mit.

Eligio Pereisson war ein Meister im Liedvortrag. Er saß auf dem Tisch zwischen den rotleuchtenden Weingläsern und hielt einen Besen wie eine Gitarre. Auf einmal begann er zu singen. Aber was sang er? Alle hörten überrascht zu, ohne etwas zu verstehen. Es war ein Boogie, den Eligio wie ein Neger vortrug: „Twing, ka ubang, bredar, lob, aucester, twing twing, morrou thear ..." Eligio schlang Arme und Beine um den Besenstiel und strahlte sein Publikum aus seinen glühenden Augen an, die wie zwei Glaskugeln waren. Keiner verstand ein Wort von dem, was er sang, keiner wußte, ob es etwas Scherzhaftes oder etwas Verrücktes war,

zumal da Eligio lachte und immerzu mit den Fingern auf dem Besen einen vollendeten Rhythmus schlug, zu dem er Text und Melodie wer weiß woher holte: Den bredar tuinding fear ... Unvermittelt brach er ab und warf laut lachend den Besen weg. Die anderen tobten wie die Wilden und stimmten ihren Chorgesang wieder an, doch Eligio, der auf einem Stuhl zusammengesunken war, begann nach einer Weile von neuem, dieses komische Lied vor sich hin zu singen.

Nini erwachte plötzlich aus seinem Tran. Er rappelte sich auf und brüllte verzweifelt: „Nieder mit den Weibern, diesen Huren!“, dann fiel er wieder auf Basilios Knie und schüttete rasch ein Glas Wein in sich hinein.

„Nieder mit den Weibern, es lebe die ...“, schrien die anderen. Darauf stimmten sie das Lied an, das sie von romagnolischen Soldaten in Casarsa gelernt hatten: „Ich habe eine Pistole, die ist mit goldenen Kugeln geladen ...“

Nini hob ein wenig die Lider, starrte, ein Glas in der Hand, vor sich hin und bestätigte: „Jawohl, zum Donnerwetter!“ Er schien überglücklich, diese Bemerkung hervorgebracht zu haben. Dann wanderte sein Blick zu dem Glas in seiner gehobenen Hand, blieb dort mit einem Ausdruck der Neugier hängen, und gleich darauf zerschellte das mit voller Wucht geschleuderte Glas an der Wand der Baracke. „Das freut mich, verdammt noch mal“, fügte er hinzu. Eligio ergriff ebenfalls ein Glas, drehte es zwischen den Fingern und sandte es dem ersten mit einem trockenen Schlag nach.

Brummend erschien der Besitzer der Bude und sagte, die Gläser seien teuer, sie sollten aufhören. Alle Burschen, die noch in der Bude waren, drehten sich jetzt zu dem Tisch der Auswärtigen um. Ihre Mienen waren ausdruckslos, aber eine stille Drohung lag darin. Nini fühlte sich tief gekränkt und machte ein paar halb entschuldigende, halb grollende Bemerkungen, die nur das Vorspiel eines heftigeren Wortschwalls waren. Der Wirt wies ihn leise zurecht, aber auch er war bereits nervös. Da zog Nini vom Leder und ereiferte sich über den ganzen Ort mit seinen „rüpelhaften, bäurischen Bewohnern", doch der Wirt wandte sich wortlos ab. Die Burschen aus Rosa begannen zu singen, um einer Prügelei vorzubeugen, Nini aber ließ sich nicht ablenken und erging sich in wüsten Beschimpfungen der Einheimischen. Plötzlich war sein Zorn verraucht. Milio und er sahen sich voller Sympathie an. Milio war weniger betrunken als Nini, er redete noch ziemlich überlegt. Nini schrie auf einmal vor der ganzen Gesellschaft, er müsse mal und werde jetzt unter den Tisch pinkeln. Milio versuchte lachend, ihn daran zu hindern, aber da war nichts zu machen: Nini rückte mit dem Stuhl an den Tisch heran und tat, was er angekündigt hatte. Die anderen sangen mit neu aufflackernder Begeisterung.

Von Casale nach San Giovanni waren es etwa zehn Kilometer. Sie gingen zur Fahrradaufbewahrung, wo nur noch ihre Räder standen und ein Bursche verschlafen auf sie wartete. Als er Nini erblickte, grinste er vertraulich, hämisch, und der betrunkene Nini maß ihn von Kopf bis Fuß. Der andere bot ihm zur Besänftigung ein Glas Wein an, denn von der fröhlichen Zecherei der Wächter war eine halbe Flasche übriggeblieben. „Her damit!" schrie Nini. „Verdammt!" Er riß ihm die Flasche aus der Hand, setzte sie an, trank sie aus und ließ sie einfach fallen. Während die anderen sich um die Fahrräder kümmerten, verrichtete Nini sein Geschäft zu Ende, das er in der Bude begonnen hatte. „Junge, Junge!" sagte der Bursche von der Fahrradaufbewahrung heiter erstaunt und hielt sich den Bauch vor Lachen. Eligios Begleiter aus San Giovanni hatten ihn allein gelassen und waren bereits einige Stunden zuvor mit dem Wagen heimgefahren, den seine Brüder kutschierten. Also mußten sie ihn auf der Querstange mitnehmen. Eligio aber wollte nicht, daß sich ein anderer bemühte, er wollte selbst fahren. Darauf entspann sich zwischen ihm und Milio ein längerer Disput, den Eligio schließlich dadurch beendete, daß er erklärte, er werde fahren und Milio könne dabei Musik machen. Milio setzte sich also auf die Lenkstange, lehnte den Kopf an die Schulter seines neuen Freundes und begann zu spielen. So brach die Gesellschaft unter dem Hallo der Festteilnehmer und des Jungen von der Fahrradaufbewahrung zum anderen Ufer des Tagliamento auf.

Doch das Radfahren und die kühle Nachtluft ernüchterten sie nicht, sondern steigerten ihren Rausch. „Diese Fahrräder sind Huren!" schrie Nini, als sein Rad immer wieder zum Straßenrand abwich. Sie rasten im Mondlicht, das auf den Wiesen blinkte, die Straße dahin, brüllten wie die Teufel und bedauerten nur, daß niemand da war, der sie hören konnte. Denn die Straße, die von San Daniele an Codroipo vorbei nach Udine führt, ist die einsamste in der ganzen Region Friaul. Linkerhand lagen im Mondlicht die leeren Schuppen der Pulverfabrik, die früher von Zeit zu Zeit in die Luft flog, so daß in den Nachbarorten die Fensterscheiben zertrümmert wurden. Nun war es, als wollten die Burschen aus Rosa, die hinter ihnen fuhren, mit ihrem Radau den Höllenlärm der Detonationen von damals heraufbeschwören. Dann erblickten sie unter dem unermeßlichen Strahlenbündel des stäubenden blauen Mondlichts das Tal des Tagliamento, das endlos schien von den Bergen bis in die Ebene. Die Jungen bogen in voller Fahrt auf die langgestreckte Deliziabrücke ein, aber knapp hundert Meter weiter bremste einer der Burschen aus Rosa scharf, warf das Rad wie ein Spielzeug auf den Asphalt und schrie: „Wartet, Jungs, ich muß mal ganz nötig!“ Da hielten alle an und stellten sich nebeneinander ans Geländer, um ihm Gesellschaft zu leisten. Auch Nini machte mit, fragte aber gleich darauf, so laut er konnte: „Was will ich hier eigentlich? Ich muß doch gar nicht mehr!“

Er hob sein Fahrrad auf, als wäre es federleicht, und radelte singend davon. Die anderen, die noch immer am Brückengeländer standen, brüllten vor Lachen. „Los, gebt dem Tagliamento Wasser“, schrie Milio, „er hat ja keins mehr!“

Bei den ersten Häusern von Casarsa begannen sie von neuem, aus vollem Halse zu singen, als wollten sie den ganzen Ort wecken. Auf dem Dorfplatz bat Milio, der noch immer bei Eligio auf der Lenkstange saß, um Ruhe und spielte auf seiner Harmonika „Voran, mein Volk . . .“, und die anderen fielen grölend ein.

In San Giovanni trennten sich Milio und Nini von den anderen und blieben noch kurze Zeit bei Eligio. Sie traten bei ihm ein wie in das Haus eines alten Freundes. Während Eligio Wein und ein Stück Käse holte, betrachteten sie die Fotografien, die an der Scheibe der Anrichte festgeklemmt waren. Eligios festlich gekleidete Kusinen und Freundinnen waren steif wie Statuen. In der kleinen Küche mit dem ziegelroten Fußboden, den rauchgeschwärzten Deckenbalken und den weißgekalkten Wänden herrschte die tiefe Stille der letzten Nachtstunden. Sie hörten die Atemzüge der Schlafenden in den oberen Räumen, und im Stall grunzte mitunter im Traum die Sau.

Eligio kam mit einem Krug und einem Stück Käse

wieder. „Wir müssen Polenta essen“, flüsterte er, „Brot ist nicht mehr da.“

Sie setzten sich neben den Herd, legten die Beine auf den steinernen Rand und aßen und schwatzten. Was sie redeten, wußten sie gar nicht, sie unterhielten sich eben, und das befriedigte sie unermeßlich. Als der Krug leer war, verabschiedeten sich Milio und Nini von Eligio, der sie bis ans Hoftor begleitete.

„Tschüs, Eligio“, sagte Nini, „grüß dich, tschüs, mach’s gut!“ Nach einigen Schritten drehte er sich um. „Ich will dir lieber einen Kuß geben“, sagte er, „komm her.“

Eligio bot ihm lachend die Wange.

„Nein, auf den Mund, zum Teufel“, sagte Nini. „Wir müssen uns auf den Mund küssen.“

Sie küßten sich, als wollten sie ein Liebespaar nachäffen.

„Tschüs, Eligio!“ riefen die beiden und radelten davon.

„Tschüs, tschüs“, hallte es vom Hoftor her über die mondbeschienene leere Straße.

„Tschüs, Eligio!“ rief Nini noch einmal zurück.

2 Im „Enal“ war es erstickend heiß. An den durcheinandergeschobenen Tischen, die naß waren von verschüttetem Wein, saßen die letzten betrunkenen jungen Burschen und einige Ältere. Durch die geöffneten Fenster strömte die frische, dunkle Frühlingsluft herein. Alle schrien und lärmten, vom Wein betäubt, durcheinander. Nini, Eligio und Milio saßen zusammen mit Jungen aus San Giovanni an einem Tisch. Sie hatten das Finale ihres Sonntags eingeleitet, doch ihre Ausgelassenheit war ein wenig gezwungen. Jeder hatte viel auf dem Herzen und wenig in der Tasche. Eligio erzählte Witze, und wo seine Stimme erklang, die schon durch ihren Ton zum Lachen reizte, da versammelten sich bald alle, und bei jeder Pointe dröhnten mächtige Lachsalven durch den Raum. Dann sangen sie. Zwei oder drei aus Romans aber gingen nach Hause, als es am schönsten war, denn es war schon spät, und am Morgen in aller Frühe wartete die Stallarbeit auf sie. Auch Eligios Brüder Onorino und Livo gingen mit ihren Freunden Chini und Ivano. Schüchtern verabschiedeten sie sich, denn sie trugen noch kurze Hosen. Die anderen, die noch blieben, schienen nicht von dem Gedanken loszukommen, daß sie nicht mehr als 50 Lire in der Tasche hatten und daß die anderen 200 oder 300 Lire auf dem Fest da-

vongeflattert waren wie Rauch. Nini sang seine Lieder allein, den schwarzen Schopf an die Wand gelehnt und die Knie gegen die Tischkante gestemmt. Auf einmal näherte sich ihnen ein Alter mit einem Glas in der Hand.

„Wie geht's, Kinder?“ rief er den Jungen schwankend zu.

„Gut, und Ihnen?“ fragte ihn Milio.

„Ach, ich bin alt“, antwortete er und zwinkerte.

„Hoch die Weiber“, sagte Nini, ohne aufzusehen.

Der Alte beugte sich über ihn und erzählte ihm so laut, daß alle es hörten, eine Weibergeschichte, die er vor dem ersten Weltkrieg als Auswanderer in Deutschland erlebt hatte. Es war eine verworrene Geschichte, und als er geendet hatte, öffnete Nini die Augen und sagte: „Sie sind betrunken, gehen Sie schlafen!“

„Betrunken? Ich?“ empörte sich der Alte mit feierlicher Miene und wippte lächerlich mit den Knien wie ein Anwalt beim Plädoyer. „Als ich schon täglich meine zwei Flaschen Wein getrunken habe, da warst du noch nicht mal bei deiner Mutter im Bauch! Merk dir das!“

„Ich werd's mir merken“, sagte Nini, hob die Schultern und sang mit geschlossenen Augen weiter: „Und weil ich noch ganz klein bin . . .“

Der Alte wandte sich an die ganze Gesellschaft. „Als ich so alt war wie ihr, da bin ich durch ganz Amerika und Deutschland gezogen!“ schrie er stolz mit feuerrotem Gesicht.

„Und was hat es Ihnen eingebracht?“ fragte ihn Eligio spöttisch, aber freimütig.

Alle erwarteten, daß der Alte etwas Großartiges erzählen würde, und machten sich darauf gefaßt, zu lachen.

„Einen Tritt in den Hintern“, erwiderte der Alte und

trollte sich zu seinen Leuten, die in der Nähe der Theke saßen. Aber bald darauf war er wieder da.

„Ihr Jungen seid Dummköpfe", schrie er. „Was macht ihr in Italien? Italien! Ach was! Ihr könnt durch die ganze Welt reisen, aber solche Schweinereien wie in Italien findet ihr nirgends. Die Italiener sind Gauner, wenn sie dich reinlegen können, dann tun sie's auf jeden Fall. Und die Armen sind schlimmer als die Reichen. Es genügt, daß einer zwei Soldi in der Tasche hat, und schon vergißt er seine Freunde und benimmt sich wie ein Schweinehund. Haut ab, Jungs, haut ab ins Ausland! Macht's wie ich, Jungs, ich bin durch die ganze Welt gezogen, Amerika, Belgien, Deutschland! Haut ab, Jungs, aus diesem verfluchten Italien. Macht's wie ich: Ärmer als zuvor und verlaust bin ich heimgekehrt."

Alle lachten. Der Alte drehte sich um sich selbst, als wollte er sich zu seinen Freunden gesellen, zu Pieri Susanna, dem Sekretär der Sektion, Blasut und den anderen, die am Vorstandstisch saßen und schwatzten. Doch er machte wieder kehrt und sagte verschmitzt in vertraulichem Ton zu den Jungen: „Hört mal, neulich ... Domenicos Sohn ... der Blonde ... wie heißt er doch gleich ..."

„Rico", sagte Eligio.

„Ja, Rico, genau, Rico", rief der Alte aus, „der sollte nach Argentinien auswandern und hatte schon einen Platz auf dem Schiff, das im August vergangenen Jahres fuhr, gebucht. Aber zwei oder drei Tage vor der Abreise bekommt er einen Brief, in dem sie ihm schreiben, daß sein Schiffsplatz an einen anderen vergeben wurde, der im Auftrage der Regierung reiste ... Na, wißt ihr, was geschehen war? Du, Schwarzer!"

„Ich?" fragte Nini. „Woher soll ich das wissen? Die werden das irgendwie gedreht haben!"

„Haha, das war gar keiner von der Regierung! Den Platz hat ein Kerl bekommen, der 10 000 oder 12 000 Lire lockermachen und dem von der Agentur zustecken konnte. Da seht ihr, wie die Italiener sind."

„Und Sie würden es nicht ebenso machen?" fragte Eligio lachend.

„Neulich", fuhr der Alte fort, „kriegt Rico wieder einen Brief, in dem steht, verflucht noch mal, daß auch diesmal einer von der Regierung seinen Platz erhalten hat. Er sollte im März abreisen und sitzt noch zu Hause. Bei der Bank hat er ein Darlehn von 200 000 Lire für die Reise aufgenommen, nun hockt er seit einem Jahr ohne Arbeit zu Hause und hat fast alles aufgebraucht. Zum Glück hat er in Genua einen Freund, der hat ihm geraten, ebenfalls für 10 000 oder 12 000 Lire als einer von der Regierung zu reisen. Und so", fuhr der Alte von der Schwelle der Tür fort, die in den Raum mit dem Vorstandstisch führte, „wird ein armer Teufel irgendwo in Italien einen Brief bekommen, in dem steht, daß sein Platz für einen von der Regierung reserviert worden ist. Und der von der Regierung, das ist Rico, Domenicos Sohn."

Er wandte sich zum drittenmal den Alten zu, aber kaum war er in dem anderen Raum, da reckte er sich hoch und zischte drohend: „Alle umbringen!" Dabei fuhr er sich mit der Hand an die Kehle, als wollte er sie durchschneiden.

„Alle umbringen!" wiederholte er laut, blinzelte den Jungen noch einmal zu und ging zu seinen Leuten.

In dem Augenblick wankte Eligios Vetter Jacu ins Lokal und schnappte noch die letzten Worte des Alten auf.

„Alle umbringen, verdammt noch mal", brüllte auch er und ließ sich auf einen Stuhl neben Eligio fallen.

„Wie geht's, Vetter?" fragte Eligio.

„Wie es eben geht, wenn man keinen Soldo in der Tasche hat." Aus der Innentasche seines Jacketts zog er eine Brieftasche heraus, öffnete sie bedächtig und bewies, daß sie, abgesehen von einigen Fotografien und dem Personalausweis, leer war.

„He, Kumpel", rief Nini, „nur Mut!" Er erhob sich, schenkte ein Glas Wein ein und sagte zu Jacu: „Trink und laß alles zum Teufel gehen!"

Jacu leerte das Glas auf einen Zug, stopfte die Brieftasche wieder in sein Jackett und lallte: „Alle umbringen."

„Hoch die gute Stimmung", rief Eligio fröhlich. „Der Augenblick wird kommen, da wir es heimzahlen! Es hat keinen Zweck, sich darüber aufzuregen."

Der Alte schwankte von neuem heran, das Haar in der Stirn. Er blieb vor Jacu stehen, starrte ihn höhnisch an, beugte sich dann über ihn und murmelte grinsend: „Schnall den Riemen enger!"

„Krepieren sollst du", antwortete Jacu, vor Trunkenheit fahl, fast grün im Gesicht.

„Die Zeiten sind vorüber", rief der Alte grinsend, „als du noch bei der Organisation Todt gearbeitet hast!"

„Wieso, hast du mit deinem Sohn nicht auch dort gearbeitet?" fragte Jacu verächtlich. „Das haben wir doch alle getan."

„Und er hat sich nicht um die Bombenangriffe gekümmert", sagte Eligio. „Es war schön, nach Campoformido zu gehen, was?"

Aber der Alte hörte gar nicht zu, er rieb Daumen und Zeigefinger aneinander und schrie, an die ganze Gesellschaft gewandt: „Soldi, Soldi! Wie viele Züge habt ihr aus San Giovanni in Casarsa geplündert, he? Warum? Haben die Deutschen etwa auf die Sterne geschossen?" Triumphierend drehte er sich einmal um sich selbst.

„Sollten wir vielleicht zulassen, daß sie alles nach Deutschland schleppten?" fragte Milio zufrieden.

„Der blöde Alte soll endlich verduften!" rief Nini.

„Du, Schwarzer", sagte der Alte ruhig und grinste noch immer, „mit was für Geld hast du dich voriges Jahr amüsiert?"

„Mit dem Geld, das ich durch meine Arbeit verdient habe."

„Und was hast du gemacht?" fragte der Alte ernst.

Nini lachte. „Den Koch beim Kommando der Engländer in Casarsa", sagte er.

„Jetzt ist's aber aus mit dem Schlaraffenland, endgültig aus!" schrie der Alte. „Jetzt sind die Engländer wieder in England, und die Ararfelder sind geschlossen."

„Danken Sie dem Herrgott dafür", sagte Eligio. „So ist Ihr Sohn zumindest nicht mehr in Gefahr, wegen Diebstahls von Autoreifen aufgegriffen und erschossen zu werden."

„Du", sagte der Alte und wies mit dem Finger auf ihn, „hast du nicht bei der Arar gearbeitet?"

„Ja", antwortete Eligio.

„Und ist es dir da gut gegangen?"

„Das ganze Leben hätte ich's da ausgehalten."

Der Alte sah ihn kurz an und schloß die Augen. Dann schnürte er die Schuhriemen auf und zog sie drei, vier Löcher enger. Plötzlich lachte er schallend.

„Los, geh schlafen", sagte Milio zu ihm.

„Und du, woher bist du?" fragte ihn der Alte.

„Aus Rosa", antwortete Milio in herausforderndem Ton.

„Und was machst du?"

„Bauer bin ich. Das bin ich immer gewesen und werde es immer bleiben."

„Heute", urteilte der Alte, „gibt es keine Lebensmittelkarten mehr, und die Triester kommen nicht mehr aus Triest. Ihr Pächter habt eure Herren um eine Menge Mehl betrogen."

„Gerede", warf Milio ein.

Der Alte drückte sich den Hut tief in die Stirn, wankte dem Ausgang zu, wie ein Verrückter lachend, wurde plötzlich ernst, blieb an der Tür stehen und wiederholte leise, mit geheimnisvoller Miene den Jungen zugewandt: „Alle umbringen." Singend torkelte er auf der Straße davon.

Nini sprang auf und stimmte das alte Lied seiner Truppe an. „Ich habe eine Pistole, die ist mit goldenen Kugeln geladen . . ."

Ein Jahr war es her, daß Nini, Eligio und Milio einander kennengelernt hatten. Seit jenem Ostermontag in Casale, an dem sie sich anfangs noch siezten, hatten sie so manches Fest gemeinsam besucht.

Neben der Klassenfeier des Jahrgangs 1929 war in allen Nachbarorten Kirmes gewesen: in Cintello, Savorgnano, Gleris, dann die berühmte Kirchweih von Peter und Paul in Valvasone und die Jahrmärkte in Saletto, Morsano, Teglio und Cordovado. In Cordovado war es sehr schön gewesen: Die ganze Nacht hatten sie getanzt und getrunken, und um zwei Uhr beschlossen sie, baden zu gehen. Lärmend und singend kamen sie am Pachersee an, der spiegelglatt unter den Sternen funkelte. Sie zogen sich flink im Wäldchen aus und stürzten sich nackt ins Wasser. Es hatte geregnet, das Gras war feucht, von den Akazienzweigen fielen Tropfen – alles glänzte im Mondschein. Die Jungen aus Rosa liefen nackt zwischen den Bäumen hin und her, um sich zu er-

wärmen. Nini schlüpfte beim Licht des Mondes in die Unterhose und erzählte den anderen von dem Mädchen aus Ramuscello, das er nach Hause gebracht hatte, doch Eligio, der ihm nicht glaubte, foppte ihn . . .

Nun waren die Osterfeiertage wieder herangerückt. „Morgen geht's nach Casale di Costa!" schrie Eligio durch das bereits halb leere Lokal.

„Wunderbar!" rief Nini zufrieden.

„Und das wird das letztemal sein", erklärte Milio. „Entweder hier verhungern oder abhauen."

„Sind deine Papiere schon da?" fragte Eligio.

„Noch nicht, aber sie müßten in ein paar Tagen eintreffen."

„Ich gehe vielleicht auch weg", sagte Nini und blickte in die Runde.

„Wohin denn?" fragte Pieri Susanna, der sich neben ihn gesetzt hatte. Er kratzte sich töricht den Kopf unter der Mütze, weil Nini zum erstenmal etwas von Auswandern sagte, und zwar so großmäulig und leichtfertig, daß man es unmöglich ernst nehmen konnte.

„Nach Jugoslawien", antwortete Nini schlicht, „da ist wenigstens der Kommunismus!"

„Du allein?"

„Nein, in Ligugnana sind wir fünf oder sechs, die auf die Idee gekommen sind. Und hier ist auch noch einer." Nini zwinkerte Eligio zu. „Aber noch ist nichts entschieden – wir werden sehen." Nini hob die Flasche und wollte den Rest Wein austrinken.

„He, Freund", schrie Jacu, „laß mir auch noch was!" Ein bißchen war noch drin, und Jacu saugte es aus dem Flaschenhals. Sie waren die letzten Gäste im „Enal", die anderen hatten das Lokal verlassen, standen aber noch redend auf der Straße beisammen, in der kühlen, tönenden Stille der Osternacht.

3 Am 14. Juli 1948 brachen Nini und Eligio zusammen mit Antonio und Pietro Nonis, Basilio Nio und Germano Giacomuzzi von Ligugnana nach Jugoslawien auf.

Alle ihre Freunde kamen, um sie zum Bahnhof Casarsa zu begleiten, von wo sie abfahren wollten, und um das letzte Glas Wein mit ihnen zu trinken. Milio hatte die Harmonika mitgebracht, und mit Trubel und Gesang nahmen sie Abschied voneinander.

Und mit Tränen. Aber es waren hoffnungsvolle Tage: Der Krieg schien jetzt weit zurück zu liegen, und für die jungen Leute fing das Leben erst an.

Gegen 16 Uhr trafen sie in Gorizia ein. Um sich die Zeit zu vertreiben, stiegen sie zur Burg hinauf. Von dort oben, von den Bastionen auf einem Hügel aus, sahen sie auf grünen und bläulichen Höhenzügen und Bergen die Grenze und dahinter Jugoslawien, das unter der Sonne zu schlummern schien.

Still richteten die Jungen, zu ihren Füßen die Reisebündel, den Blick auf jenen klaren, türkisfarbenen Horizont: Er war mit einem Licht getränkt, das ihnen den

Atem benahm, ihre Augen folgten den geschwungenen Linien der Voralpen, über Wälder, Ortschaften und Lichtungen. Genau unterhalb der Burg sahen sie auf der Kuppe eines Hügels, keine 300 Meter entfernt, eine Straße, die sich weiß zwischen den Häusern und den Gärten abzeichnete. Menschen gingen dort. Eine Frau trat an ein Fenster, um ein Tuch auszuschütteln. Dort war nicht mehr Italien – es war, als wäre dort keine Welt mehr oder als begänne eine ganz neue, freie, lichtvolle Welt.

Am anderen Morgen kamen sie zeitig in Cividale an. Sie ließen ihr Gepäck in einer Osteria und machten einen Stadtbummel, um den Mann zu suchen, von dem ihnen Germanos Bruder in Gorizia erzählt hatte. Aber statt dem Mann begegneten sie den Carabinieri. Zum Glück waren sie ohne Gepäck unterwegs. Den größten Teil des Tages wurden sie in der Kaserne festgehalten, und als man sie gegen fünf Uhr freiließ, suchten sie unverzüglich weiter. Aber wo sollten sie den Mann ausfindig machen? Schon wurde es dunkel, und sie hatten Hunger. Aufs Geratewohl schlugen sie den Weg aufs freie Feld ein, überquerten auf der Teufelsbrücke den Natisone, der unter dem bewölkten Himmel schimmerte, und folgten einem Pfad, der das Ufer entlang an terrassenförmigen Wiesen, Steinmauern, Brombeergestrüpp und Holundersträuchern vorbeiführte. Auf einem freien Fleckchen setzten sie sich hin und verzehrten Brot und Wurst, die sie in der Tasche hatten. Alle schwiegen. Keiner sprach aus, daß sie müde und niedergeschlagen waren. Wo fanden sie nur den Mann, der sie führen sollte? Und wo würden sie die Nacht verbringen? Nini, der wie stets alles als ein Spiel zu betrachten schien, hob die Schultern und sagte: „Verdammt noch mal, Freunde, dann müssen wir uns eben etwas einfallen lassen."

In der Osteria, in der sie ihr Gepäck aufbewahrt hatten, trafen sie schließlich vor einem Liter Rotwein einen halbbetrunkenen Mann, der sich nach langem Hin und Her bereit erklärte, sie über die Grenze zu führen.

Es war 23 Uhr. Er schob sie in den Hof hinaus und sagte, sie sollten vorangehen und in einer Ortschaft hinter dem Städtchen am Fuße des Gebirges auf ihn warten. Endlich, als sie ihn gar nicht mehr erwarteten, kam er den Berg herunter.

„Sechs oder sieben Stunden sind es“, erklärte er. Mit ihren schweren Bündeln brachen sie auf und wandten sich ins Innere des Collio. Der Mann war betrunken.

Sie marschierten die ganze Nacht hindurch. Es war sehr anstrengend, man konnte nicht weiter als zwei Schritt sehen, der Weg war voll Steine, und die Zweige der Bäume schlugen ihnen ins Gesicht. Obendrein regnete es stark.

Der Weg führte mitten durch den Wald. Stellenweise überquerte er steil abfallende Lichtungen; dann hellte sich die dichte Finsternis ein wenig auf, und der Blick konnte über einen Talkessel oder die Wände der schwarz bewaldeten Berge schweifen. Oft mußten sie den Weg verlassen und sich durch das Dickicht schlagen, auf Pfaden, die kaum zu erkennen waren. Im Morgengrauen sagte der Slowene: „Seht, Jungs, das ist die Grenze.“ Er verlangte 6000 Lire von ihnen und machte kehrt. Sie indessen zogen weiter bis an die Stelle, die er ihnen gezeigt hatte. Aber sie fanden nichts. Sie marschierten noch ein gutes Stück, doch von der Grenze war noch immer nichts zu sehen. Es war schon hell, und es regnete noch. Durchnäßt und halbtot vor Müdigkeit, rasteten sie auf dem felsigen Boden und aßen ein Stück Brot. Wenig später brachen sie wieder auf. „Wir sind sicherlich schon in Jugoslawien“, sagte

Nini. „Gewiß haben wir die Grenze längst überschritten." Aber nichts ringsum hatte sich verändert: immer der gleiche Wald, hier und da Täler und Berge, die in immer gleicher Perspektive auftauchten und in Schweigen und Einsamkeit versunken waren.

Nini war jetzt fest überzeugt, daß sie die Grenze hinter sich hatten. Seine Müdigkeit war wie weggeblasen, zufrieden und leichtfüßig schritt er aus und rief dann und wann den anderen zu: „Freut euch, Freunde, wir sind in Jugoslawien!"

Germano aber, der lang, hager und mit dichter Partisanenmähne an der Spitze marschierte, schien noch nicht sicher. Nini hänselte ihn deshalb. Er war erregt, viel fehlte nicht, und er hätte angefangen zu singen. Die anderen waren übrigens ziemlich ruhig, sie hatten eine Zigarette angezündet, an der jeder mal zog. Plötzlich – sie durchquerten gerade ein Tal, es war inzwischen ganz hell geworden – erblickten sie in ein paar Hundert Meter Entfernung die italienische Fahne und darunter einen Posten. Das verschlug ihnen den Atem, denn das war kein Spaß mehr. Sie warfen sich zu Boden und lagen eine Weile reglos in Deckung zwischen den Sträuchern.

„Was machen wir jetzt?" fragte Nini.

„Rede leiser", zischte Basilio wütend.

„Still!" sagte Germano zu den beiden Nonis, die neugierig zu dem Posten hinübersahen, über dem die Fahne wehte.

Zum Glück regnete es nicht mehr, die Julisonne heiterte den Himmel wieder auf. Sie saßen eine Zeitlang fest und wußten nicht, was sie tun sollten. Doch dann faßte Nini einen Entschluß. „Ich gehe", sagte er. „Nach Italien will ich nicht zurück."

„Los!" flüsterte Germano.

Sie schlängelten sich durch das ziemlich dichte Unterholz und krochen den Abhang hinauf. Als sie das Blickfeld des Postens verlassen hatten, liefen sie gebückt weiter und nutzten dabei geschickt die Zweige als Dekkung. So liefen sie, ohne es zu bemerken, an den weißen Grenzpfählen vorbei.

Etwa zwanzig Minuten lang hasteten sie weiter. Dann trafen sie auf einer Lichtung einen Mann, wahrscheinlich einen Holzfäller, und fragten ihn, ob sie in Italien oder in Jugoslawien seien.

Er sah sie an, ohne etwas zu erwidern, und verschwand im Wald. Er holte Jugoslawen herbei. Die Jungen setzten sich ins Gras. Eligio streckte sich lang aus, obwohl das Gras klitschnaß war; gleich darauf war er eingeschlafen. Die anderen rauchten schweigend. Keiner sagte etwas, aber alle waren besorgt und dachten an ihr Zuhause, an Ligugnana, an San Giovanni. All das war jetzt so fern, gehörte einer anderen Zeit an. Sie dachten an ihre Freunde dort unten, die in diesem Augenblick, beim ersten Sonnenstrahl, gerade aus dem Bett gestiegen waren und sich auf dem Platz vor der Schule zu einem Schwatz zusammenfanden.

Knapp eine Viertelstunde später erschien der Holzfäller mit einem jugoslawischen Soldaten, der mit einer MPi bewaffnet war. Er brachte sie in die Kommandantur, wo sie vernommen wurden.

„Warum habt ihr heimlich euer Land verlassen?“ fragte ein Offizier.

„Um in Jugoslawien zu arbeiten“, antworteten prompt die Jungen, die stolz das Abzeichen der KP am Rockaufschlag trugen. Sie zweifelten nicht, daß die Jugoslawen nur daran dachten, sie erst einmal essen und ausschlafen zu lassen. Statt dessen wurde der Befehl zum Aufbruch gegeben, und unter der Führung zweier Bewaffneter mußten sie mit leerem Magen und durchnäßt weitere 18 Kilometer zurücklegen.

Sie marschierten wie im Schlaf, sie begriffen nichts mehr, vor ihren Augen zogen Hügel, Wälder, Straßen und fremde, fast leere Ortschaften vorbei.

Als erster war Germano völlig erschöpft, dann sanken die beiden Nonis zu Boden. Die anderen halfen ihnen auf, und mit Tränen in den Augen gingen sie weiter. „Nur Mut, Freunde", sagten sie, „bald sind wir da."

Nini fluchte. Sie erreichten Tolmin nach Einbruch der Dunkelheit. Fast eine Stunde lang irrten sie auf der Suche nach einem Schlafplatz durch den Ort. Aber sie fanden nichts. Deshalb brachte man sie in ein Gefängnis. Es war bereits spät. Einige schliefen auf dem Fußboden, andere in der Küche oder auf dem Gang. Am Morgen bekamen sie ein wenig Milchkaffee, dann mußten sie, diesmal ohne Begleitung, nach einem anderen, 15 Kilometer entfernten Ort aufbrechen.

Als sie dort eintrafen, wurden sie gleich mit der Bahn nach Vrhpolje geschickt. Der Ort schien unbewohnt. Er lag verstreut in einem kleinen Tal. Die Sonne brannte auf die weißen Mauern der Häuschen und der Gärten nieder, und außer vereinzelten Bahnhofsgeräuschen war weder unten im Ort noch ringsum an den grünen und schwarzen Berghängen ein Lebenszeichen zu bemerken. Sie gingen nach Vrhpolje hinein, auf einen weiten, abschüssigen Platz, der ebenfalls leer war. In einem von MG-Garben durchsiebten Haus mit abgebröckeltem Putz, das einmal der Sitz der Carabinieri gewesen war, trafen sie einen jugoslawischen Posten, der sie fluchend und schwitzend ein Stück außerhalb des Ortes zu einem großen, schmucklosen Haus führte, das wie ein Bürogebäude aussah. Es war für die Grenzverletzer bestimmt. Am Abend bekamen sie nichts zu essen und mußten auf dem bloßen Boden oder auf Feldbetten ohne Matratze schlafen. Am nächsten Tag aßen sie nur zu Mittag ein wenig und am Abend lediglich ein Stück Brot. Sie waren mutlos. In der Heimat hatten sie an Kirmestagen nach dem Tanz manchmal vier Brote mit Mortadella verschlungen. Jetzt kamen sie in Vrhpolje vor Hunger fast um. Müßig und mit knurrendem Magen schlichen sie den Ort hinauf und hinunter, oder sie hockten stundenlang am Straßenrand oder am Gehsteig und streckten die langen Beine von sich. Bisweilen spielten sie Karten, aber es machte keinen Spaß mit leerem Bauch. Eines Morgens schlenderten sie in bedrücktem Schweigen außerhalb des Ortes umher. Eligio und Nini stießen bei jedem Schritt einen Fluch aus, und die anderen lachten über jeden neuen. Da kam aus dem Dorf vor ihnen ein Bauer auf sie zu. Er war Jugoslawe, sprach aber gut italienisch.

„Möchte einer von euch bei mir auf dem Lande arbeiten?“ fragte er.

„Was geben Sie uns?“ fragte Germano schroff. Er behielt die Hände in den Hosentaschen und machte eine finstere Miene. Er wollte einen guten Lohn herausschlagen.

„Zwanzig Dinar“, antwortete der Bauer, „und zu essen.“

„Ich“, schrie Nini. Die anderen waren zu langsam gewesen, und Nini, der sich endlich einen guten Bissen erhoffte, folgte dem Mann.

Es war ein wunderschöner Vormittag, die schattenverhangenen Hügel mit ihren runden Kuppen färbten sich unter der Sonne grün, und das Tal war voll Licht.

Der Bauer führte Nini zunächst auf seinen Hof, um Sensen und Harken zu holen. Dann machten sie sich auf den Weg. Nini war freudig erregt. Es war lange her,

daß er gemäht hatte. Deshalb hatte er, obgleich es für den Bauern die ermüdendste Arbeit ist, beinahe Sehnsucht danach. Die Wiese aber, auf der er arbeiten sollte, war weit entfernt. Fast eine Stunde waren sie schon unterwegs. Endlich lag sie vor ihnen, riesig, zwischen den Wäldern, voll dichter grüner Luzerne. Zu mähen war wenig, nicht länger als eine Stunde. Dann gingen sie weiter hinunter, um Heu zusammenzuharken. Inzwischen war es Mittag geworden. Die Glocke eines fernen Ortes hinter dem Hügel ließ leise ihre feierlichen Töne erschallen. Die Wiese war riesig, da würde er nie ans Ende gelangen. Er war so ausgehungert, daß ihm schwarz vor den Augen wurde. Aber er biß die Zähne zusammen und harkte weiter, um dem jugoslawischen Bauern zu zeigen, was Burschen aus Italien konnten. Es wurde ein Uhr, zwei, drei, aber von Mittagessen keine Spur. Endlich sah er auf einem Wagen die Frau mit einem Korb kommen. Die beiden Männer warfen die Harken fort und liefen ihr am Waldrand entgegen. Das Essen bestand aus einer Suppe mit zwei Kartoffeln.

Nini war nahe daran, zu weinen. Im Nu hatte er die paar Löffel Brühe und die beiden Kartoffeln geschluckt, und zwar so wütend, daß der Bauer, der ihm lächelnd zuschaute, sagte: „Iß, iß, Junge, junge Burschen haben Hunger!"

Dann arbeiteten sie weiter, zwei Morgen fehlten noch, danach mußte das Heu aufgeladen werden. Gegen Abend war der Wagen voll, aber die Räder sanken in dem sumpfigen Boden ein, und die scheuenden Pferde zerbrachen die Deichsel. So mußten sie das gesamte Heu dort lassen, weil es zu spät war, es umzuladen, und sie gingen nach Hause. Als sie dort anlangten, war es bereits dunkel. Der Bauer fluchte auf italienisch, aber lau und leise, nicht wie ein Italiener.

Das Heu war Nini gleichgültig, für den Bauern war das am anderen Tag eine Kleinigkeit; er dachte an nichts anderes als an das Abendbrot. Das bißchen Brühe hatte ihm kaum den leeren Magen gespült. Das Abendbrot, hoffte er, würde besser sein. Vielleicht war es in dieser Gegend so Brauch, sagte er sich, während er vor Hunger bald umkam. Aber das Abendbrot war wie das Mittagessen: ein Napf Polenta und Milch. Mit zwanzig Dinar in der Tasche kehrte Nini zu seinen Gefährten zurück. Sie warteten schon auf ihn, und als er sich noch hungriger als an den anderen Abenden schlafen legte, foppte ihn Eligio: „Iß, iß, Junge!"

Am anderen Tage begann die Arbeit bei den Jugoslawen. Die Schule von Vrhpolje war von den Deutschen gesprengt worden und sollte wiederaufgebaut werden. Vierzehn Tage lang arbeiteten sie umsonst und erhielten fast nichts zu essen. Am 2. August wurden sie zur Kommandantur bestellt, wo man ihnen befahl, einen Lebenslauf für die Jahre 1943 bis 1947 zu schreiben. Tags darauf bekamen Nini, Eligio, Germano und Basilio die Genehmigung abzureisen. In Begleitung eines jugoslawischen Polizisten fuhren sie erst im Postauto und dann mit der Bahn nach Rijeka.

4 In der Nacht, in der sie in Rijeka eintrafen – halbtot vor Hunger und Müdigkeit, suchten sie länger als drei Stunden die Fabrik, in der sie arbeiten sollten –, erschien ihnen das Meer als riesiger Pechstrom, kalt und finster im Schein der Lampen, die rot an der Küste Dalmatiens leuchteten. Dieses Meer war furchteinflößend. Es war anders als das Meer bei Caorle, anders als das Meer, das sie zum erstenmal in ihrem Leben kurz nach Kriegsende gesehen hatten, als sie mit den „Garibaldi-Avantgarden" einen Ausflug machten, Pieri Susanna an der Spitze, der damals noch voll Hoffnung gerufen hatte: „Kinder, vielleicht wird Revolution gemacht!" Das war ein schönes, ruhiges blaues Meer, wo Gruppen von Bauern ihren Imbiß nahmen und den Strand mit gelbem Papier und leeren Flaschen besäten, wo Milio auf der Harmonika spielte und Eligio wie ein Verrückter sang und Nini sich den Bauch kratzte ...

Als sie vierzehn Tage in Rijeka waren und in der Torpedofabrik arbeiteten, lief alles ein wenig besser. Nini und seine Gefährten hatten es sich angewöhnt, in die Stadt oder ans Meer zu gehen. Bis 15 Uhr arbeiteten sie in der Fabrik, dann waren sie frei. Um den Rest des Nachmittags angenehm zu verbringen, hatte Basilio eines Tages vorgeschlagen, an den Badestrand zu gehen.

„Wer weiß, wieviel das kostet!" wandte Germano ein.

„Erinnerst du dich nicht an Caorle?" entgegnete Nini. „Wer wollte, bezahlte Eintritt für die Badeanstalt oder die Umkleidekabine, wer nicht wollte, zog sich am offenen Strand aus."

So schlenderten sie am Strand entlang und suchten einen Badeplatz, an dem sie nicht zu bezahlen brauchten. Das Meer war für sie jetzt geradeso wie in Caorle, nur daß die Berge auf dem Festland und auf den Inseln anders aussahen; und es lag immer ruhig unter strahlender Sonne. Sie gingen ein gutes Stück an der Küste entlang und kamen schließlich an eine Stelle, wo der Strand schmaler war, ungepflegt, fast schwarz und voll Klippen. Viele Jungen aus Rijeka, Slowenen und Italiener, hatten sich dort gelagert, und von ihrem Geschrei erdröhnten Luft und Wasser.

„Wollen wir hier bleiben?" fragte Eligio.

„Hier ist zuviel Krach", entgegnete Germano, „kommt, wir gehen noch ein Stück weiter."

„Ich bleibe hier", sagte Nini.

Er verschwand im Buschwerk und war im Nu in Badehose. Während sich die anderen auszogen, knüpfte Nini mit einem Jungen ein Gespräch an. „Wieviel Eintritt kostet es in der Badeanstalt?" fragte er ihn. Der Junge nannte einen Betrag in Dinar. Nini rechnete in Lire um und stellte fest, daß es sehr wenig war. Er berichtete es Germano und schloß zufrieden: „Morgen gehen wir in die Badeanstalt."

Der Junge aus Rijeka war näher gekommen. „Wo seid ihr her?" fragte er.

„Aus Friaul", antwortete Nini höflich und fügte hinzu: „Unter der Hunderegierung in Italien konnten wir nicht mehr leben. Bei der Madonna, Tito soll leben!"

Der andere lächelte schweigend.

„Sag mal", fragte Nini, „gibt es in der Badeanstalt hübsche Mädchen?"

„Na, und ob!"

„Fein", rief Nini seinen Gefährten zu, „da werde ich mein Vergnügen haben! Wir lernen also morgen die hübschen Mädchen aus Rijeka kennen, oder?"

Am nächsten Tag gingen sie in die Badeanstalt. Da waren die hübschen Mädchen aus Rijeka, und sie waren sogar sehr hübsch! Mädchen, wie Nini und die anderen sie nie zuvor gesehen hatten: langes, glattes blondes Haar, das bis auf die Schultern herabfiel oder unter einer Gummikappe zusammengehalten wurde, wohlgeformte schlanke Beine, hell wie Marmor, und Badeanzüge aus weißer, roter, blauer Wolle, eng um die Hüften und straff über dem Bauch, der leicht gewölbt, jungfräulich fest und sinnlich war.

Nini konnte sich nicht satt sehen, er war sprachlos. Den anderen ging es ebenso. Die Schönen aus Rijeka aber beachteten sie gar nicht, sie plauderten ungezwungen und gewandt mit ihren Begleitern und ihren Freundinnen, spielten Ball oder saßen unter Sonnenschirmen und lasen. Alle glänzten von Hautöl. Sie waren offenbar restlos glücklich, nichts schien ihnen zu fehlen oder etwas anhaben zu können. Nini und seine Freunde lagen still im Sand.

Einige Mädchen kamen nahe an ihnen vorbei, lärmend wie ein Vogelschwarm. Sie liefen in die Brandung und stürzten sich ins Wasser. „Los!" sagte Nini. Die Jungen sprangen wie auf Verabredung auf und folgten den Mädchen, die sich bereits lachend auf den an diesem Tage höheren Wogen wiegten. Nini näherte sich einer von ihnen und rief ihr auf italienisch in seinem schwerfälligen friaulischen Dialekt zu: „Warten Sie auf mich, Fräulein, wenn Sie nicht ertrinken wollen!" Das

Mädchen sah ihn gleichgültig an und lachte schallend. „Was will denn der Esel!“ rief sie den anderen zu, und alle schwammen in vollendetem Kraulstil hinaus in Richtung der Mole. Nini wagte sich nur so weit, wie er Boden unter den Füßen hatte, Eligio und Germano paddelten wie Hunde, und Basilio konnte gar nicht schwimmen. Sie blieben nahe am Ufer, planschten ein wenig in den Wellen und kehrten dann beschämt an den Strand zurück. Die kurzen Leinenhosen klebten ihnen am Körper, so daß sie lächerlicher als sonst wirkten. Sie warfen sich in den Sand und lachten über ihr Pech. Schließlich sagte Nini: „Wollen wir ein bißchen spazierengehen?“ So langten sie am Ende wieder zwischen den Klippen an, wo sie am Tage zuvor gewesen waren. Hinter ihnen der Strand war ein Durcheinander von Lärm und Spiel. Die Villen und die Pensionen zwischen dem Grün und den Blumen schienen Urbilder des Friedens und des Wohlstandes. Das Meer wogte ins Grenzenlose und war bis zu den wunderbaren, fernen, bläulichen Küsten voll Sonne. Sie gingen an den freien Strand, den Strand der Kinder und der armen Leute, und ringsum war freudige Stimmung, als wären sie gar nicht da.

Sie trafen die Jungen vom Vortag wieder, und der Blonde grüßte Nini. „Wie geht's, auch Italiener?“ erkundigte er sich.

„Gut, mein Lieber“, antwortete Nini lächelnd.

„Ja, gut“, brummte Eligio, „bei der prasselnden Sonne.“

„Sind die Mädchen hübsch?“ fragte der Blonde.

„Nicht schlecht“, antwortete Nini, als wären sie für ihn kein Geheimnis mehr; aber er war doch nicht so gut aufgelegt wie sonst. Er dachte an die Sommertage der vergangenen Jahre, als sie im Tagliamento gebadet hatten. Jeden Tag gleich nach dem Essen hatten sie sich auf den Weg gemacht nach Rosa. Dort streifte ein Arm des Tagliamento aus den kiesigen Brombeergründen das rechte Ufer, wo wilder Weizen, Holunder und Pappeln Kühle spendeten – und hinter dem Damm die Weinberge, deren Trauben grau schimmerten, und die zementierten Stellen, wo sie sich sonnten. Nach Rosa kamen die jungen Leute aus der ganzen Umgebung, aus Casarsa, San Giovanni, Gleris und San Vito, denn es war das schönste Fleckchen am Tagliamento. Das Wasser war zwar grün und tief, aber doch so klar, daß man auf dem Grund die hellen Kieselsteine sah. Dort waren alle miteinander Freunde. Gegen Abend kehrten sie heim und blieben bis zum Abendbrot auf der Piazza von Ligugnana, lagen im Grase oder saßen auf den Stufen und schwatzten. Hier aber krampfte sich einem das Herz zusammen, wenn man sich umsah. Nini legte sich allein zwischen die Klippen. Bald ließen auch die anderen die Jungen aus Rijeka stehen und streckten sich verstimmt neben ihm aus. „Ach, Freunde!" seufzte Nini. „Die Mädchen hier mögen ja hübsch sein, aber unsere gefallen mir besser."

„Onorina oder Ines müßte hier sein", sagte Eligio.

„Oder Gemma", fügte Basilio hinzu.

„Oder die verkommene Regina", ergänzte Nini. „Denkt ihr noch an das Fest, auf dem ich sie in ihren Garten begleitet habe?"

Germano, der bisher geschwiegen hatte, stimmte plötzlich eins der in Ligugnana beliebtesten Lieder an. „Vielleicht ist dies das letzte Stelldichein, vielleicht der letzte Kuß . . ."

Die anderen fielen im Chor ein. Nini und Basilio sangen die erste, Eligio sang die zweite Stimme, Germano Baß. Wenn sie sonntagabends im Dorf in den Schenken, im „Enal“ oder im „Montenegro“, sangen, hörten ihnen alle zu.

„Los, wir singen Lieder aus Friaul, verdammt noch mal“, sagte Nini. Und laut begann er: „O welch schönes Schloß in Udine – o welch schöne Jugend ...“

Sie sangen sehr gefühlvoll, obgleich es ein heiteres Tanzlied war. Dann folgte ein wehmütiges Lied: „Beim ersten Hahnenschrei, bei Tagesanbruch, leb wohl, mein Mädchen, ich muß scheiden.“

Die Jugend aus Rijeka scharte sich um sie und hörte zu.

„Und ich singe, singe, singe“, trällerte Nini, „aber ich weiß nicht warum – ich singe nur ... um mich ... um mich zu trösten ...“

Und dann das große Villotta, das traditionelle Villottalied von Friaul: „Wenn du auf diese Felsen steigst, wo ich begraben liege ...“

Sie hatten jetzt einen Knoten in der Kehle. Diese Lieder hatten eine merkwürdige Wirkung, als sie jetzt, an einem Sonntagabend, unter freiem Himmel im Anblick des Meeres erklangen. Aber als Nini und seine Freunde merkten, daß ihnen die Jungen aus Rijeka zuhörten, ließen sie bald die traurigen Lieder sein und gingen zu fröhlichen über. Im Licht der Sonne, die allmählich über dem einsamen Meer sank, übertönten ihre Stimmen die Möwenschreie und den fernen Strandlärm. „Ich hab gehört, gehört, gehört, wie mein Mädchen pss, pss, pss auf ihrem Nachttopf machte ...“, sang Eligio, und alle lachten.

In den nächsten zwei, drei Tagen faßten Nini und die anderen ein wenig Mut. Nini hatte Glück mit einem Mädchen aus Parenzo. Sie war Serviererin in einer Gaststätte und machte die anderen mit ihren Freundinnen bekannt. Doch am Ende stellte Eligio fest: „Ein schönes Mädchen, aber der Hunger ist zu groß."

Sie hatten in der Tat wieder mit dem Hunger zu kämpfen; nach den ersten Tagen war das Essen immer schlechter geworden: ein paar Löffel Suppe, ein Brokken hartes, dunkles Fleisch und ein Stück Brot. Sie standen hungriger vom Mittagstisch auf, als sie zuvor gewesen waren, und streckten sich im Sand aus, um ihren knurrenden Magen zu beruhigen. Einige Tage später, am 28. August, gab es eine Neuigkeit. Ein Abteilungsleiter sagte ihnen bei Tisch, daß sie vom selben Abend an Lebensmittelkarten benötigten.

„Was für Lebensmittelkarten?" fragte Germano.

„Na, Lebensmittelkarten", antwortete der andere. „Ohne Lebensmittelkarten kann man hier nicht essen."

Nini kamen beinahe die Tränen. „Lebensmittelkarten, diese verfluchten Lebensmittelkarten!" sagte er.

Germano wandte sich an einen Arbeiter aus Istrien, der seit langem in der Torpedofabrik arbeitete, und ließ sich von ihm sagen, was sie zu tun hatten. Nun suchten sie eine Behörde nach der anderen auf, im ganzen etwa ein halbes Dutzend, in der Fabrik und außerhalb. Doch niemand hatte eine Ahnung, alle waren mit anderen Dingen beschäftigt. An diesem Abend aßen sie nicht.

Am Morgen standen sie früh auf und gingen zur Stadtverwaltung. Dort wurden sie von einer Dienststelle zur anderen geschickt. Die Vormittagsschwüle legte sich ihnen auf den leeren Magen.

„Mir wird schwarz vor den Augen", sagte Nini, dem der kalte Schweiß ausbrach.

Damals hatte gerade das Kominformbüro an Jugoslawien Kritik geübt. Überall in der Stadt herrschte große Verwirrung, in den Fabriken und den Behörden, in den Kneipen und auf den öffentlichen Plätzen.

Die jungen Burschen gingen von der Stadtverwaltung aus in Richtung eines Hügels, dessen besonntes Grün zwischen den Mauern der Häuser und der Paläste hinter einem großen Platz hervorleuchtete. Auf dem Hügel streckten sie sich auf den Parkbänken aus. Und was nun? Jeder dachte schweigend nach, wohin sie sich nun noch wenden könnten.

Gestern abend kein Essen, und heute mittag wird es nicht anders sein, und am Abend . . .

„Hier werden wir verhungern“, sagte Eligio.

Die anderen schwiegen.

„Hier werden wir verhungern“, wiederholte Eligio, „weil es alles nur auf Marken gibt. Wir müssen etwas unternehmen, wenn wir nicht umkommen wollen.“

„Was denn?“ fragte Germano.

„Wir klauen eben“, schlug Nini vor.

„Jawohl, bei diesen Hunden!“ sagte Germano.

„Bei den ekelhaften Leuten hier“, ergänzte Nini und spuckte aus.

Da sahen sie in einer Gasse ein Mädchen kommen.

„He, Blonde!“ rief Nini.

Die Blondine ging ruhig weiter.

„Fräulein, Fräulein!“ rief Nini jetzt.

„Hör schon auf!“ brummte Germano.

Nini richtete sich auf.

„Nein“, sagte er starrsinnig, „nein, ich werde sie um Auskunft bitten.“ Er holte sie ein.

„Entschuldigen Sie, Fräulein“, sagte er mit ernster Miene, „wir sind Ausländer, wir brauchten dringend Ihren Rat . . .“

Das Mädchen blickte ihn an, und als sie sein trauriges, ehrliches, fast naives Gesicht sah, war sie beruhigt.

„Wenn ich kann“, sagte sie.

Nini wandte sich zufrieden zu den anderen um und

winkte sie heran. Sie kamen und umringten ziemlich verlegen das Mädchen.

„Sehen Sie", begann Nini, „seit zwei Tagen laufen wir von Behörde zu Behörde, um uns Lebensmittelkarten ausstellen zu lassen, und nichts haben wir bisher erreicht. Ohne Marken bekommt man aber nichts zu essen, deshalb haben wir seit gestern mittag nichts im Magen. Können Sie uns nicht einen Rat geben?"

„Arbeiten Sie in einer Fabrik?" fragte das Mächen.

„Ja, in den Torpedowerken."

„Und Sie sind nicht von hier, ich meine, Sie sind nicht aus Istrien?"

„Wir kommen aus Italien", antwortete Nini.

„Dann müssen Sie zur Stadtverwaltung gehen", sagte das Mädchen.

„Da waren wir schon", erklärte Nini, „aber die wissen von nichts."

„Dann müssen Sie eben zu einer Sonderstelle gehen ..." Sie war einen Moment unschlüssig, dann sagte sie: „Kommen Sie, ich bringe Sie hin."

„Oh, danke, danke", rief Nini erfreut aus. Sie verließen den Hügel und wandten sich in Richtung Stadtverwaltung.

„Wo kommen Sie her?" fragte das Mädchen.

„Wir sind aus Ligugnana in der Nähe von Udine", antworteten sie und erzählten dem Mädchen von ihrem Unglück. Ziemlich erleichtert trafen sie bei der Stadtverwaltung ein.

Das Mädchen führte sie über einen Hof und durch mehrere Flure. „Da", sagte sie vor einer Tür, die aus den Angeln zu fallen drohte, „dahinter ist es." Sie verabschiedete sich von ihnen und sah dabei Nini an.

Es war wirklich die richtige Stelle, aber vor dem Schalter stand eine lange Menschenschlange. Die Luft

war erstickend heiß, es stank nach schmutziger Kleidung und nach Schweiß. Sie waren zu spät gekommen, und für das Mittagessen war nichts mehr zu machen. Das Büro schloß um eins. „Wir werden morgen wieder hergehen", sagte Germano.

Dann zogen sie auf der Suche nach etwas Eßbarem durch die unter der Sonne glühende Stadt. Sie versuchten es in mehreren Gaststätten, aber ohne Lebensmittelmarken gab es nichts, nicht einmal etwas zum Sterben. Vor Hitze und Hunger waren sie ganz schlapp; deshalb entschlossen sie sich, ein sündhaft teures Glas Marmelade zu kaufen; Marmelade war das einzige, was ohne Marken zu haben war. Damit gingen sie auf ihr Zimmer. Knapp eine Minute später war das Glas wie ausgeleckt. Mit leerem Magen und dem Geschmack der Marmelade auf der Zunge streckten sie sich auf ihren Betten aus. Sie schwiegen. Durch die Fensterläden drang die Hundstagshitze herein, das Rauschen, die stockenden Geräusche und das brausende, durch die Entfernung gedämpfte Atmen des Meeres. Die Stille wurde dadurch noch drückender.

Keiner von ihnen schlief, keiner sagte etwas oder wagte zu sprechen. Sie schwiegen und schwitzten, jeder mit seinem Hunger allein.

Basilio brach plötzlich das Schweigen. „Kinder, ich gehe nach Hause zurück", sagte er. Die anderen antworteten nicht.

„Hier muß man zuviel hungern", fuhr Basilio fort.

„Ja, wir wollen nach Hause", sagte Eligio. In den letzten Tagen war es ihm nicht gut gegangen, und oft waren ihm die Tränen hochgestiegen. Er lag auf dem Bett und vergrub das Gesicht in den Decken.

„Was habt ihr denn, Freunde?" fragte Nini.

„Wir haben die Nase voll", antwortete Basilio.

„Und was wollt ihr tun?“ brummte Germano.
„Abhauen“, sagte Basilio. „Ich haue ab.“

Eligio sprang auf. „Ich bleibe nicht einen Tag länger hier!“ schrie er. Er hatte die Erregung, die ihm die Kehle zugeschnürt hatte, zu überwinden vermocht. Nun sprach er freier, aber er war offenbar von seiner Idee besessen. Nini und Germano schwiegen weiter, und in dem schwülen Raum war es eine Zeitlang still.

„Ich gehe, habt ihr verstanden?“ sagte Eligio von neuem. „Ich will nicht verhungern. Habt ihr noch Hoffnung, daß wir morgen Lebensmittelkarten bekommen? Wir wollen uns doch nichts vormachen, sie geben sie uns vielleicht erst in drei oder vier Tagen. Sollen wir inzwischen von Marmelade leben? Und das Geld? Übrigens, selbst wenn wir Lebensmittelkarten haben – bei dem Essen, das sie uns in der Torpedofabrik geben, verhungern wir. Zu Haus ist uns ein Teller Bohnen und Polenta sicher, auch wenn wir nicht arbeiten. Nein, an Bohnen und Polenta und einer Scheibe Wurst fehlt es zu Hause nie.“

„In Italien werden wir keine Arbeit finden“, sagte Basilio, „aber dort verhungern wir wenigstens nicht. Wir haben zu Hause schon manche schlimme Zeit durchgemacht, aber von solchem Hunger haben wir nicht einmal geträumt. Ich jedenfalls gehe, Freunde. Wir gehen beide, Eligio und ich.“

„Wir wollen versuchen, noch ein paar Tage auszuhalten“, sagte Germano. „Vielleicht geben sie uns besser zu essen, wenn wir erst mal die Karten haben.“

Eligio antwortete ihm heftig, und von neuem stiegen ihm Tränen hoch: „Bleib du doch, bleib, seit anderthalb Monaten halten wir aus, und zum Teufel, es ist immer schlechter geworden. Ich gehe zurück, das steht fest.“

„Ausgezeichnet“, sagte Nini, „und wie kommst du

über die Grenze? Hierher haben wir es geschafft, aber wie? Durch Zufall. Wenn es nach diesem Mann gegangen wäre, säßen wir noch heute auf dem Collio und äßen Wurzeln. Glaubt ihr, daß es ein zweites Mal gut geht? Im übrigen, hätten uns die Italiener aufgegriffen, dann wären es die eigenen Leute gewesen, aber wenn uns diese Hundesöhne schnappen ... Wer weiß, wozu die fähig sind."

„Die bringen uns um", meinte Germano.

„Der Kommunismus wird schön sein", sagte Nini, „das glaube ich jedenfalls, und ich werde es mein Leben lang glauben, aber die hier ..."

„Sagt, was ihr wollt", unterbrach ihn Eligio. „Und wenn es Kopf und Kragen kostet, der Hungertod wäre das Schlimmste für uns. Allenfalls schießen sie auf dich, wenn du die Grenze überschreitest, und aus ist's."

„Hierher war es leicht", sagte Germano, „aber zurück ..."

„Mir kommt es schon wie hundert Jahre vor, daß ich Italien nicht gesehen habe", sagte Nini mit rauher Stimme.

„Es ist weit, weit entfernt", sagte Germano.

„Warum soviel reden?" rief Basilio aus. „Wir fahren mit dem Zug, und in einer Nacht sind wir in Gorizia."

„Gut", sagte Nini mit einemmal, „ich bin dabei, ich fahre mit." Er sprang auf, als stände der Zug draußen vor der Tür bereit.

„Und du, Germano?" fragte Eligio.

„Soll ich allein hierbleiben?" erwiderte Germano. „Wenn ihr drei nach Italien zurückkehrt, dann tue ich es auch."

Noch in derselben Nacht stiegen sie um halb zwei Uhr in den Zug nach Gorizia. Am Nachmittag hatten sie ihre Bündel gepackt und sich Marmelade und etwas Brot gekauft.

Der Zug bestand aus alten italienischen Wagen mit Spuren von Bombenangriffen, stark beschädigt und ohne Fensterscheiben. Sie fanden ein Abteil für sich allein und verkrochen sich darin. Eligio und Nini streckten sich auf den Sitzen, Germano und Basilio auf dem Boden aus. Aber sie konnten nicht einschlafen. Der Zug fuhr schnaubend, röchelnd und stampfend in unaufhörlichen Kehren durch die Berge Istriens, die in der mondlosen Nacht wie Gespenster wirkten. Rijeka und das Meer verschwanden, wie von einem unwirklichen Licht verschluckt. Und der Zug schien ziellos, allein dem Dunkel der Nacht zustrebend, durch Landstriche zu rollen, die weder italienisch noch jugoslawisch waren.

„Leb wohl, Rijeka", sagte Nini, die Hände unter dem Kopf verschränkt. „Leb wohl, Jugoslawien."

Trotz der ungewissen Zukunft lag vor ihnen im Morgengrauen Italien, und Jugoslawien verschwand allmählich, blieb mit seinem Hunger und seinem Elend zurück.

„Wann werden wir nur die Revolution machen", sagte Germano, „bei uns wird es anders vorangehen als hier."

„Ach", rief Nini aus, „erst werden wir mal De Gasperis Bohnen essen."

Basilio seufzte. „Mit De Gasperi ißt man nicht gut ..."

„Milio hat es richtig gemacht", sagte Nini wie zu sich selbst und starrte die geschwärzte Decke des Abteils an. „Milio hat es richtig gemacht, als er sich die Papiere besorgte, um in die Schweiz zu gehen."

Der Zug hielt plötzlich, nachdem er einigemal gellende Pfiffe ausgestoßen hatte, die in einem kleinen Talkessel ein Echo fanden. Nini sah zum Fenster hinaus und erblickte einen Bahnhof. Auf einem Hügel glaubte er undeutlich eine Reihe von Häusern zu erkennen. „Eine Ortschaft", sagte er. Wagentüren knallten, sie hörten knirschende Schritte, Schreie, Rufe, Streitereien. Der Zug schien sich zu leeren. „Was ist los?" fragte Eligio. Nini öffnete die Tür und sprang auf den Bahndamm hinunter. „Die anderen steigen alle aus", rief er.

Sie griffen hastig nach ihren Bündeln und stiegen ebenfalls aus. Eine durcheinanderredende und gestikulierende Menschenmenge hatte sich auf dem Bahnsteig angesammelt. Es war noch dunkel, sicherlich war es noch nicht drei Uhr. Nini und seine Freunde mengten sich unter die anderen Leute. Der Zug nach Gorizia sollte eine halbe Stunde später eintreffen. Die Burschen setzten sich auf ihre Bündel und warteten.

Der neue Zug war brechend voll. Die Menge stürmte ihn wütend, wobei im Dunkeln heftige Kämpfe entbrannten. Einige stellten sich auf die Trittbretter und klammerten sich an die Türgriffe, andere setzten sich auf die Puffer, manche kletterten sogar auf das Dach. Die unten gebliebenen Kinder und Frauen schrien. Mehr als die Hälfte der Wartenden waren nicht hineingelangt, sie liefen in unbeschreiblicher Verwirrung an den Geleisen und den Bahnsteigen hin und her. Nini merkte auf einmal, daß er allein war. Er sah sich unter den Menschen um, entdeckte aber seine Gefährten nicht. Er hastete den Zug entlang und rief: „Eligio, Germano!" Seine Stimme war kaum zu hören, das Chaos zwischen den Geleisen war zu groß. Fünf Minuten vergingen, zehn, eine Viertelstunde – wer im Zug war, der war im Zug, und nun versuchte keiner mehr, sich an die Türen zu klammern, sondern alle protestierten laut. Nini lief verstört hin und her, suchte und schrie, fast ohne sich dessen bewußt zu sein: „Eligio, Germano!"

„Sie hängen einen Wagen an“, sagte unvermutet Germano hinter ihm.

„Ach, hier bist du“, rief Nini froh, „und die anderen?“

„Ich weiß nicht“, antwortete Germano. Sie liefen ans Ende des Zuges. Es wurde tatsächlich noch ein Waggon angehängt, und sie drängten sich mit den ersten hinein. Dort fanden sie auch Eligio wieder. Basilio aber war verschwunden.

Sie fuhren die ganze Nacht hindurch, bis bleich das Morgengrauen heraufzog. Das Tageslicht erreichte die nackten Berggipfel, warm und rund ging die Sonne auf, und vom Horizont her drang eine kalkige Helligkeit in den Zug. Eingezwängt in der Menge, die Abteile und Gänge füllte, schlug Nini die Augen auf und rief: „Los, Freunde!“ Gähnend erwachten die anderen. Kurz darauf hielt der Zug.

Es war ein einsamer kleiner Bahnhof. Fast alle stiegen hier aus. Ratlos sahen sich die Jungen um. Unter denen, die ausstiegen, war ein Dreizehnjähriger. Nini wandte sich an ihn. „Sind wir hier in der Nähe der Grenze?“ flüsterte er ihm zu.

„Ja“, antwortete der Junge.

„Steigen wir aus“, sagte Nini. Die anderen waren unschlüssig.

„Los, steigen wir aus“, wiederholte Nini, packte sein Bündel und folgte dem Jungen. Die anderen schlossen sich an.

Auf dem Bahnsteig sprach Nini den Jungen, der allein war, noch einmal an. „Sag mal, wie muß man es anstellen, um an die Grenze zu gelangen?“

„Das ist jetzt schwierig“, antwortete der Junge. „Heute ist Feiertag. Da gibt's keine Möglichkeit.“

„Dann müssen wir also in den Zug zurück.“

„Nicht in diesen, der fährt nicht nach Gorizia“, sagte der Junge.

„Und wie kommen wir nach Gorizia?“

„Heute ist Feiertag, da gibt’s keine Möglichkeit.“

„Was kann man da machen?“

„Ihr könnt zu Fuß zum nächsten Bahnhof gehen und dort auf den Zug nach Gorizia warten. Ich begleite euch, wenn ihr wollt.“

„Oh, danke“, sagte Nini. „Bist ein netter Junge!“

Nini faßte ihn am Arm. Sie verließen gemeinsam den Bahnhof und bogen am Ortseingang auf eine gepflasterte Straße ein, die sich, schattenlos der Sonnenglut preisgegeben, an einem Hügel entlangzog. Reichlich eine Stunde später erreichten sie den anderen Bahnhof, der Zug aber sollte erst zu Mittag ankommen. So warfen sie sich in der Nähe des Bahnhofs ins Gras und schliefen. Dann ging es weiter, und gegen Abend trafen sie in Gorizia ein. Sie stiegen unter dem Bahnhofsdach aus und gerieten mitten in eine Gruppe Polizisten. Doch das Durcheinander der Umsiedler mit den schreienden Frauen und den weinenden Kindern war so groß, daß sich die Polizisten darin verloren.

„Nur Mut, Freunde“, sagte Germano leise.

„Herr, sei uns gnädig“, murmelte Nini.

Ohne daß jemand es merkte, lösten sie sich aus den Reihen der Umsiedler. Sie waren frei, in Italien. Auf dem Bahnhofsplatz schwirrten Schwalben, Leute unterhielten sich, sie rochen die feuchte Erde und die Heimat.

Nini glaubte in Ligugnana zu sein, zu der Stunde, da die Bauern auf dem Heuwagen heimkehren, da die Küchen voll Menschen sind, die reden, streiten und singen, während die jüngeren die Tiere zur Tränke an der Pumpe führen, da die Mädchen sich kämmen und vorbereiten, die Milch zum Milchhof zu bringen. Der

Dorfplatz belebt sich, er sieht beinahe feiertäglich aus, die milde Abendluft ist voll von dem guten Geruch der Polenta, und hier und da flammen die ersten Lichter auf.

Die kleinen Steinhäuser bei diesem Bahnhof, die Höfe und die Ställe, die Maulbeerbäume, die Weinberge und die Bordsteine der Dorfstraße – all das war wie in Ligugnana oder San Giovanni, obwohl die Berge ringsum näher waren. Auch der Dialekt der Leute war fast der gleiche. Fern hinter den letzten Häusern, außerhalb der Stadt, konnte man zwischen den Bergen und der Ebene den Isonzo erkennen mit seinem kiesigen Bett und seinen Kanälen, und das Wasser war ebenso blau und durchsichtig wie im Tagliamento.

„Wir sind zu Hause, Freunde", sagte Nini froh. Tief atmete er die heimatliche Luft ein.

„Kommt, wir trinken ein Glas", schlug Basilio vor.

„Vielleicht auch zwei", rief Nini aus.

„Langsam, Freunde", mahnte Germano, „noch ist nicht gesagt, daß das hier gut geht."

Sie betraten eine Osteria; aber da merkten sie, daß es ein Polizeirevier war. Sie hatten gerade noch Zeit zu verschwinden, bevor jemand sie anhielt. Sie liefen durch eine Nebenstraße, sprangen über einen Graben und versteckten sich in einem Maisfeld. Bevor sie weitergingen, wollten sie das aufessen, was sie an Brot und Marmelade noch hatten. Eine halbe Stunde blieben sie in ihrem Versteck. Dann verließen sie es vorsichtig und machten sich auf den Weg in die Stadt. Aber hinter einer Biegung stießen sie unerwartet auf eine Polizeistreife. Sie konnten weder umkehren noch sich in die Büsche schlagen. Sie wurden festgenommen, in die Polizeiwache und dann ins Gefängnis gebracht. Dort wurden sie lange festgehalten, und erst Ende September konnten sie nach Hause zurückkehren.

„Wir kamen nachts in der Schweiz an“, erzählte Milio seinen Freunden, „der Bahnhof von Brig war hell erleuchtet. Dahinter sah man das Städtchen und die Berge, die es umgeben, schöne, hohe, mit winzigen Lichtern übersäte Berge. In Brig hatte ich bis zum Morgen Aufenthalt. Ich habe gleich Lina, meine Bekannte in Fribourg, angerufen und ihr gesagt, sie solle mich erwarten, da ich spätestens in einer halben Stunde von Brig abreisen würde. Gegen Mittag traf ich in Fribourg ein. Ich stieg aus und verließ den Bahnhof, um mich mit Lina zu treffen, denn wir hatten vereinbart, daß sie mich nach Salvenach bringen sollte, wo ich bleiben würde. Ich mußte eine ganze Weile warten, ehe ich sie kommen sah, sie und ihre Schwester Catina. Wir umarmten uns wie gute Freunde und gingen gleich zu ihnen nach Hause.

Sie boten mir Süßigkeiten und Bier an und erkundigten sich nach ihren Angehörigen und allen ihren Verwandten in Rosa. Es war schon spät, 17 Uhr, und wie vereinbart, sollte mich Lina in den Ort bei Fribourg begleiten, wo ich arbeiten würde.

Wir stiegen in Cressier aus und mußten zu Fuß weiter, etwa einen Kilometer. Von oben sah man bereits Salvenach liegen. Wir gingen eine breite, von Obstbäumen gesäumte Asphaltstraße entlang. Da fiel mir ein schönes, hübsch getünchtes Haus auf, und ich sagte zu Lina: ‚Wenn das doch mein Ziel wäre.‘

Wir gelangten auf den Platz des Dörfchens und fragten einen alten Mann: ‚Wo wohnt Walter Berninger?‘

‚Im ersten Haus rechts‘, antwortete er freundlich.

Wir kehrten um, wie er es uns gewiesen hatte, und es war tatsächlich das schöne Haus, das mir aufgefallen war. Ich war recht zufrieden; es lag so schön da oben, ein richtiges Herrenhaus ...

Niemand war da, nur ein großer Hund. Ich blieb zurück, weil er mir ein bißchen Angst einflößte; aber meine Begleiterin ging in den Garten und wartete dort auf Herrn Berninger, ohne den Hund zu beachten.

Auf einmal erschien ein etwa fünfzigjähriger Mann, und meine Bekannte fragte ihn auf französisch, ob er Walter Berninger sei. Er war es wirklich. Er ließ uns beide ins Haus treten und bot uns zu essen, zu trinken und zu rauchen an. Ein Empfang also, wie man ihn sich überhaupt nicht vorstellen kann! Kurze Zeit später begleitete ich Lina hinaus und dankte ihr sehr für ihre Bemühungen ... Nun kam die Stunde des Abendessens. Der Herr rief mich in die Küche, wo der Tisch bereits gedeckt war. Mir sank sofort der Mut, als ich kein Tischtuch sah und auf dem Tisch eine Brühe, die Kürbissuppe zu sein schien, dazu Kaffee und Milch, aber weder Salz noch Zucker. Das war das Essen. Der Herr merkte, daß ich ziemlich verstimmt war, und schickte zwei Italiener zu mir, die bereits seit einem Jahr in Salvenach wohnten. Wir sprachen über mancherlei. Sie machten mir Mut und sagten: ‚Paß auf, du wirst dich allmählich eingewöhnen.‘

Ich kam mit meinem Herrn nicht klar, denn er wollte mir nicht den Lohn geben, der vereinbart worden war.

Dabei wurde ich im ganzen Dorf geschätzt, denn ich war ein tüchtiger Arbeiter. Aber vieles wollte mir nicht in den Kopf ... Warum waren sie so unhöflich und hart gegen mich? Ich hatte doch meine Pflicht getan. Die Menschen dort sind nicht so wie bei uns ... Eines Abends hatte ich Gelegenheit, mit einem Fräulein Leich zu sprechen, die in dem Ort lebte, in dem ich arbeitete. Sie war Deutsche, hatte in Italien studiert und war mehrmals dort gewesen. Sie mochte die Italiener, sprach Italienisch und eine Menge andere Sprachen. Sie war so freundlich, mich über meinen Herrn, den sie kannte, aufzuklären. Er besaß sehr viel Land, das aber mit Grundschulden aus öffentlicher Hand völlig belastet war. Da er mich deshalb nicht jeden Monat entlohnen konnte, machte er oft ein so ernstes, finsteres Gesicht.

Von Tag zu Tag wurde es schlechter, dauernd gab es Mißhelligkeiten, selbst die Leute im Dorf waren ärgerlich, daß ich in ein so unordentliches Haus geraten war. So stand fest, daß ich zu Weihnachten nach Italien zurückkehren würde. Die Zeit schien mir überhaupt nicht zu vergehen.

Am 3. November fand in Murten ein großer Jahrmarkt statt, eine Tradition bei den Schweizern. Meine Herrschaft fuhr dorthin, ich war allein zu Haus. Nach dem Mittagessen trieb ich die Kühe auf die Weide, an der die Bahnlinie vorbeiführte. Ich hütete gerade in aller Ruhe die Tiere, als hinter dem Bahndamm ein hübsches blondes Mädchen auftauchte, auch sie mit Vieh. Ich kannte sie schon, sie war aus Cressier, dem Nachbarort. Ich ging ihr entgegen, wir setzten uns auf den Bahndamm und plauderten miteinander. Sie kannte mich auch vom Sehen. Sie schien ein wenig ernst gestimmt, las ab und an in einem Buch, während ich wartete ...

Schließlich fragte ich die schöne Germaine: ‚Was liest du denn?'

‚Die beiden Waisenkinder', antwortete sie freundlich. Ich hatte das Gefühl, daß wir beide ineinander verliebt waren. Da machte ich ihr, so gut ich konnte, auf französisch einen Antrag: ‚Germaine, je vous aime!'

Und sie nahm meinen Antrag sehr freundlich auf. Wir wurden uns einig. Später, wenn wir abends frei hatten, traf ich sie oft, und wir gingen tanzen oder ins Kino, wie es gute Verlobte tun.

Eines Tages sagte mein Herr zu mir: ‚Nächsten Sonntag ist in Liebistorf ein großer Umzug. Geht hin, das ist interessant, besonders für euch Italiener.'

Darauf taten wir sechs oder sieben Italiener uns zusammen und brachen am Sonntag nach Liebistorf auf. Es lag etwa fünf Kilometer von Salvenach entfernt, und ich war bisher nicht dort gewesen. Die Straße führte dicht am Waldrand entlang, und auf der anderen Seite dehnte sich das grüne Tal. Unversehens waren wir in Liebistorf, einem sehr kleinen Ort, der aber, obwohl die Einwohner Bauern waren, nur aus Villen bestand. Das Dorf gefiel mir sehr, denn es war reich und unterschied sich auch sonst von den anderen. Auf der einen Seite waren kleine Seen und auf der anderen schöne Nadelwälder.

Als wir die Dorfmitte erreichten, warteten alle schon gespannt auf die Feierlichkeit, die noch nicht begonnen hatte. Wir Italiener setzten uns an einen Grabenrand, aßen Obst und sagten uns: ‚Hier sind wir richtig, die Prozession muß gerade bei uns vorbeikommen.'

Eine Stunde später war der erste Umzug durch das Dorf, an der Spitze ein Trommler, der sein Instrument bearbeitete und dabei rückwärts ging, um den ganzen Festzug zu überblicken. Dem Rhythmus der Trommel folgten tänzelnd zwei der schönsten Pferde des Ortes, auf denen zwei Reiter in alten Militäruniformen saßen. Dann kam eine 25 Meter lange Kiefer mit dichten Zweigen, gezogen von acht kräftigen Pferden. Auf dieser Kiefer stand ein Junge, der mit kleinen Kiefernzweigen behängt war und unablässig redete. Wir verstanden ihn nicht, weil er deutsch sprach. Offenbar erzählte er Possen, damit die Leute lachten. Dahinter schritt ein Ehepaar zwischen einem schönen Mädchen ganz in Weiß und einem schwarz gekleideten Jungen. Daran schloß sich eine große singende Gruppe an, dann ein Wagen mit vier ärmlich gekleideten Jungen, die eine Baumschule darstellten, und ein Wagen mit ebenfalls ärmlich gekleideten Mädchen, die jede in einer Ecke des Wagens Korn droschen. Dann kamen junge Burschen auf Rennrädern, alle mit bunten Papierfähnchen geschmückt, und hinter ihnen sah man einen mit Milchkannen beladenen Lastwagen und eine Herde ausgewählter Kühe, die schönsten des Dorfes, jede mit einer Glocke am Hals, die bis auf den Boden hing. Den Schluß bildeten zwei Jäger in altmodischem Rock, die Flinte auf der Schulter und jeder mit einem kleinen weißen Hund.

Im Ort hatten sich viele Menschen versammelt, unter ihnen Mädchen in Bauernkleidern und mit Fähnchen in der Hand. In den Schießbuden knallte es in einem fort. Mitten auf dem Platz stand im größten Gewühl auf einer Bank ein Mann; in jeder Hand hatte er eine Scheibe, darauf ein Liter Wein und zwei Gläser, und er drehte die Scheibe sehr schnell, ohne daß etwas herunterfiel. Dabei redete er, um die Leute in Stimmung zu halten. Zum Schluß, gegen Abend, fand ein großes Tanzvergnügen in einem schönen Saal statt. Das hättet ihr sehen sollen!

Die Bauern in der Schweiz sind ganz anders als wir. Sie haben mehr Geld, denn ihre Familien sind nicht so groß wie bei uns, und sie können deshalb fast die ganze Ernte verkaufen. Ihre Häuser sind viel schöner als unsere, und was für Ställe sie haben! Wahre Musterstallungen! Und dann hat jeder im eigenen Haus Radio und Telefon. Wesentlich unterscheiden wir uns von ihnen im Essen: Wir sind zwar viel ärmer als sie, aber wir essen wie bei ihnen die Reichsten. Ich halte sie für hartherzig, sie sind weniger menschlich als wir. Und wenn sie auch bis zum sechzehnten Lebensjahr zur Schule gehen, sind sie doch weniger intelligent. Außerdem steckt ihnen der Geiz im Blut.

Wehe denen, die unter ihnen arbeiten müssen! Sie nehmen nämlich weder auf sich selbst noch auf andere Rücksicht. Sie arbeiten immerzu, ohne jemals müde zu werden, sogar bei Regen und im Sommer in der prallen Nachmittagssonne. Da gibt es keinen über die Fünfzig, der nicht die Gicht hätte, und sie glauben sogar, das kommt nicht von der Arbeit! Wenn sie sich den ganzen Tag ohne Ruhepause geschunden haben, dann gehen sie abends nicht wie wir zu einem Plausch auf die Straße, sondern bleiben immer einsam und allein in ihren Häusern. Aber das war uns Italienern ganz angenehm, denn so wurden wir weniger beobachtet, wenn wir mit unseren blonden Schönen spazierengingen.

Mein Herr hatte keine Lebenserfahrung, deshalb hat er sich selbst zugrunde gewirtschaftet. Er hatte viele schlechte Angewohnheiten, er liebte es, gut zu essen, zu trinken und zu rauchen, ohne etwas zu tun. Seine einzige Beschäftigung war seine Frau. Die Leute im Ort tadelten ihn, weil er nicht arbeitete und zudem große Schulden hatte. So war das, was er besaß, nur scheinbar sein Eigentum, in Wirklichkeit gehörte es anderen. Er hatte eine Wirtschaft von 40 Morgen und 15 Tiere im Stall, und die gesamte Arbeit leisteten zwei Knechte, ich und mein Arbeitskollege Ernst Gubler, ein Schweizer, aber aus dem Norden, aus der Stadt Olten. Mein Herr war Deutschschweizer, und in Salvenach sprachen alle deutsch. Er hatte mit zwanzig Jahren geheiratet und hatte vier Kinder: Peter, Cartli, Hans und Annemarie. Die Familie war protestantisch, aber sehr fromm, jeden Sonntag mußten sie vier Kilometer weit zum Gottesdienst gehen, denn in Salvenach gab es keine protestantische Kirche.

Zum Glück war mir mein Arbeitskollege wohlgesinnt. Der Herr hatte nämlich oft schlechte Laune, weil bei ihm alles schiefging, und dann ließ er es an uns Knechten aus. Aber da war nichts zu machen – Ernst, der ja seine Sprache sprach, bewies ihm furchtlos, daß er im Unrecht war, und so blieb ich ungeschoren. Herr Berninger war ein verschlossener Mensch, der kaum Vertrauen einflößte. In Salvenach gab es vier Familien mit Namen Berninger, und alle waren miteinander verwandt. Sie gehörten zu den ältesten Familien des Dorfes und waren sehr wohlhabend. Mein Herr hatte das Pech, in jungen Jahren seinen Vater zu verlieren, der Abgeordneter gewesen war. Dann hatte er sein Eigentum aus Unerfahrenheit heruntergewirtschaftet, so daß er jetzt vor dem Ruin stand.

Salvenach hat etwa 500 Einwohner. Wenn man in Cressier aus dem Zug steigt, dann sieht man es auf einer Anhöhe in seiner ganzen Ausdehnung vor sich.

In der Schweiz liegen die meisten Dörfer auf Anhöhen. Aber Salvenach schien mir das schönste. Seine weißen Häuschen leuchten schon von weitem, dahinter steigt ein Berghang voll Kiefern und Villen an. Eine Landstraße führt durch den Ort, der acht Kilometer von Fribourg und drei vom Murtensee entfernt ist. Die anderen Dörfer, die ich kenne, liegen dagegen weit ab von der Landstraße. Wenn man Salvenach am Ende der Straße erblickt, dann möchte man schwören, daß es mehr als 500 Einwohner hat.

Wenn man von Fribourg nach Salvenach kommt, dann bietet sich ein ganz anderes Bild als von Murten aus. Auf der Fribourger Seite erstreckt sich grünes Land, und links und rechts der Straße sind mehrere Dörfer: Cormond, Iois und andere. Will man aber nach Murten, so braucht man sich nur aufs Rad zu schwingen, einmal kräftig die Pedale zu treten, und schon ist man auf dem Dorfplatz.

Auf dieser Seite hat man einen schönen Ausblick: Durch ein Wäldchen winden sich zahlreiche, mit weiß leuchtendem Kies bedeckte Pfade, und hier und da am Waldrand stehen rohe Holzbänke, auf denen sich im Sommer Wanderer, vor allem aber Liebespärchen niederlassen.

Das Land, auf dem ich arbeitete, erstreckte sich beiderseits der Landstraße und am Dorf vorbei bis hin zu den anderen Dörfern. Es war eben und von einem ausgedehnten Wald umgeben.

Eine schöne Stadt ist Fribourg! Ihr könnt euch so etwas Schönes gar nicht vorstellen! Als ich die Stadt zum erstenmal betrat, war ich überrascht von den breiten Plätzen, den sauberen Straßen und den vielen Gasthäusern, Konditoreien, Schaufenstern ...

Die Prachtbauten sind nicht so hoch wie die in unseren Städten, haben aber sehr schöne Türverkleidungen, mit Blumenornamenten und Schnörkeln bemalt, wie es in der Schweiz schon immer Brauch ist. In Fribourg fand ich sportliche und schöne junge Menschen: die Frauen groß und schlank, mit langem, gewelltem blondem Haar. Die Feste feiern sie in Gesellschaft an den Ufern ihrer Seen. Eines Tages luden mich Freundinnen meiner jungen Herrin nach Fribourg ein, ich sollte für sie Musik machen. Dort lernte ich, wie konservativ die Schweizer sind. Zur Vesper aßen die Mädchen Schinken, das ist Schweinefleisch; die Kleider waren nach Fribourger Mode lang, schwarz und enganliegend, dazu schwarze Schuhe, weiße Strümpfe und eine kastanienbraune Schürze, von den Schultern bis zu den Hüften reich bestickt; an den Hüften hingen zwei goldene Kettchen, und auf dem Kopf trugen sie eine wunderschöne Haube, die von einer Krone aus Tüll umschlossen war.

In der Schweiz sind die Mädchen viel weiter als bei uns. Und meine junge Herrin – ach, die werde ich bestimmt nicht vergessen.

Eines Nachmittags sollte ich auf dem Bahnhof Cressier zwei große Koffer holen, denn Peter war aus Lausanne gekommen, wo er studierte. Ich mußte also die beiden schweren Koffer vom Bahnhof ins Dorf schleppen und dabei ganz schön bergan steigen, denn Salvenach war eins der höchstgelegenen Dörfer. Auf halbem Wege hielt ich an, um mich zu verschnaufen und eine halbe Zigarette zu rauchen. Auf einmal sah ich weit hinten, beim Bahnhof, drei Mädchen die Straße zum Dorf entlangkommen. Ich blieb, um auf sie zu warten, und dachte: Vielleicht kenne ich sie, und sie helfen mir die schweren Koffer tragen.

Es war so, wie ich gehofft hatte: Ich kannte sie alle drei seit dem Tage, an dem ich in Fribourg gewesen war. Ohne daß ich sie gebeten hatte, halfen sie mir die Koffer tragen und fragten mich: ‚Wie geht's? Wo arbeitest du?'

‚In Salvenach‘, antwortete ich, ‚bei Berninger.‘

‚Na, da bist du gut aufgehoben‘, sagten sie und lachten. ‚Dort ist doch ein hübsches Fräulein.‘

‚Macht keine Witze‘, sagte ich, ‚das ist meine Herrin.‘

Aber von nun an begann ich an Annemarie, meine junge Herrin, zu denken. Bevor die drei Mädchen von ihr gesprochen hatten, wäre mir das gar nicht eingefallen.

Die Familie Berninger bestand, wie gesagt, aus Vater, Mutter und vier Kindern, drei Jungen und einem Mädchen, eben Annemarie. Das Land gehörte dem Vater, aber er hatte es seinem Sohn Cartli zur Bewirtschaftung überlassen. Hans arbeitete weit entfernt vom Dorf im Wald. Peter war sehr lerneifrig, er konnte Italienisch und kam alle vierzehn Tage von der Schule nach Hause. Hans besuchte uns alle zwei oder drei Monate. Annemarie führte den Haushalt, und wenn viel zu tun war, ging sie mit aufs Feld, um uns zu helfen.

An einem schönen Abend – es war der Monatserste, Peter hatte Ferien und war zu Hause – saß ich in meinem Zimmer und spielte Harmonika. Plötzlich erschienen Annemarie, Peter und Armand, der Sohn des Dorflehrers. Sie arrangierten ohne große Umstände eine kleine Feier. Sie tanzten jeder ein bißchen mit Annemarie. Dann holten sie Sekt, Schokolade und andere Süßigkeiten. So waren wir alle einige Stunden später angeheitert. Dann aber mußten wir Schluß machen. Peter hatte nämlich im Dorf etwas zu erledigen. Mein Freund Armand und ich blieben noch zusammen, um miteinander zu plaudern. Armand hatte mit Annemarie schon etwas gehabt, wie er mir durch ein Blinzeln zu verstehen gab. Und während er mir und ihr zu Gefallen aus dem Fenster schaute und den schönen Sternhimmel bewunderte, flüsterte ich ihr zu: ‚Très jolie, très jolie' und küßte sie.

Annemarie war blond, ein wenig füllig, nicht sehr groß. Sie hatte schöne helle und glatte Haut. Ihr welliges Haar war nach hinten gekämmt und fiel ihr bis über den Hals. An diesem Abend hatte sie einen hübschen Pullover an. Sie hatte mir schon vor einiger Zeit gesagt: ‚Du bist sehr nett.' Und ich bewunderte sie im stillen, ließ es aber ihre Brüder nicht merken, denn ich wußte, sie wären mißtrauisch geworden. Die junge Herrin fand mich nett, weil ich zu allen gleichermaßen freundlich war, und ich legte Wert darauf, einen guten Eindruck zu machen, denn dort waren mir alle geneigt.

Anfangs verstand ich Annemarie nicht. Sie war ein Mädchen, das mir von allen am meisten Sympathie entgegenbrachte, doch ich mochte nicht darüber nachdenken, und ich begriff nicht, was sie von mir wollte.

Einmal hatte es eine Meinungsverschiedenheit zwischen uns gegeben, die beinahe in einen Streit ausgeartet wäre. Danach hatten wir uns nicht sehr gut verstanden, so daß wir kaum noch miteinander sprachen. Der Tanz war schuld gewesen. Bei einem Vergnügen in Salvenach hatte ein Italiener sie zum Tanz aufgefordert, doch sie hatte geantwortet, sie tanze nicht mit Italienern, weil ihr Vater die Italiener nicht möge.

Als ich das hörte, fühlte ich mich als Italiener gekränkt, und am nächsten Tage erzählte ich alles ihrem Bruder Cartli – und ich sage die Wahrheit: Ich habe dabei fast geheult, denn ich war beleidigt und gedemütigt.

‚Warum hat sich Annemarie nur so benommen?' fragte ich ihn. ‚Ich bin vielleicht zivilisierter, als ihr Schweizer glaubt, aber eure Frauen denken, wir sind alle Lumpenhunde. Dabei ist das gar nicht wahr, wir sind vielleicht anständiger als ihr Schweizer.'

‚Ach, Freund', antwortete Cartli, ‚das darfst du meiner Schwester nicht übelnehmen. Glaub mir, sie ist ein Kind.'

Cartli war der Bruder, mit dem Annemarie sich nicht verstand, ihr Liebling war Peter. Ein andermal gab es Spannungen zwischen uns, weil Annemarie sich über ihre Schwägerin ärgerte, die mich zu sehr mochte. Cartlis Frau hieß Cecilia. Sie war noch jung, und ich war ihr wohl sympathisch. Wenn sie einkaufen ging, brachte sie mir Süßigkeiten mit. Auch sie habe ich nie richtig verstanden. Sie benahm sich mir gegenüber sehr sonderbar, es war dumm von ihr, mir jedesmal eine Kleinigkeit mitzubringen. Annemarie war eifersüchtig, denn sie war in mich verliebt. Im Dorf erzählte sie – auch Armand und den anderen jungen Burschen –, ich hätte es in Cartlis Haus so gut, weil ich ein Verhältnis mit Cecilia hätte.

Als ich von diesem Gerede erfuhr, warf ich ihr vor, sie habe sich schlecht benommen. Von da an sagte sie nicht mehr, ich sei nett. Ich bemühte mich, noch besser zu arbeiten als sonst, beachtete sie nicht weiter und tat alles, um bei den anderen beliebt zu sein.

An dem Abend, an dem wir feierten, sprachen wir zum erstenmal nach langen Wochen wieder miteinander. Dann kam der Augenblick, da Armand sagte, er müsse nach Hause gehen. Wieder versöhnt, schlichen wir aus der Küche, leise, damit uns der Bruder nicht hörte. Wir waren kaum draußen, da sagte uns Armand gute Nacht; aber Annemarie wollte noch nicht schlafen gehen, sie sagte, dies sei wohl der schönste Abend ihres Lebens, weil sie mit einem jungen Italiener zusammen sei, der sie geküßt habe. Sie führte mich durch den Stall ins Freie, und wir gingen auf die Felder hinaus.

Ich fühlte mich zu der schönen Blondine hingezogen, aber ich war sehr unentschlossen, da ich an so vieles an-

dere dachte. ‚Wenn uns deine Brüder finden? Was wird dann mit mir geschehen?' fragte ich sie.

Sie aber war unbesorgt, und ich war ratlos; denn als ich das Mädchen in den Armen hielt, wurde mein Verlangen, sie zu besitzen, immer größer. Sie ermutigte mich sogar ein wenig, denn sie sagte, ihr Bruder Cartli schlafe jetzt und werde sich nicht um sie kümmern, und wenn Peter uns gesehen hätte, so werde er nichts verraten, denn er verstehe die Jugend.

Wir schlenderten langsam weiter, und schließlich fanden wir ein schönes Plätzchen, wo wir uns hinsetzten, und unsere beiden verliebten Herzen waren einander ganz nahe.

Das Haus, in dem ich arbeitete, war eins der letzten am Dorfausgang. Von Berningers Tür aus sah man die anderen Häuser des Dorfes, den Hügel und den Wald rings um das Ackerland.

Wir waren vom Hof aus durch das Dorf den Hügel hinuntergestiegen, hatten die Bahnlinie überquert und waren bei den ersten Kiefern angelangt. Dort saßen wir an einem stillen Platz, und ich hatte meine Hände bei ihr überall, aber ich ging nicht zu weit, da ich Angst hatte, etwas falsch zu machen und sie zu beleidigen. Doch das war ein Fehler. Alle meine Freunde sagten nachher, sie hätte es gewollt, ich hätte alles mit ihr anstellen können. Wir küßten uns nur und sagten uns all das, was sich eben ein richtiges Liebespaar sagt.

‚Ich bleibe nicht zu Hause', erklärte Annemarie, ‚ich gehe nach Fribourg arbeiten.'

‚Wenn ich eine Stelle mit dir zusammen finde', sagte ich, ‚dann heiraten wir, und wir werden sehr glücklich sein, wir werden spazierengehen und tanzen ... und wir werden Kinder haben ...'

‚O ja, ich werde mein möglichstes tun', sagte Annemarie.

‚Aber laß deine Eltern nicht sehen, daß du so nett zu mir bist', riet ich ihr ernstlich. Ich hatte nämlich bemerkt, daß ihr Vater und ihre Mutter uns, wenn wir beisammen waren, beobachteten und genau hinhörten, wenn wir miteinander sprachen. An dem Tage, an dem ich Cartli den Vorfall beim Tanzen mitteilte, hatte ich ihn auch auf das Verhalten seines Vaters aufmerksam gemacht. ‚Herr Berninger braucht gar nicht so aufzupassen', sagte ich. ‚Wenn Annemarie und ich so oft miteinander reden, dann nur, weil ich französische Wörter hören will und sie vielleicht italienische. Wir Italiener sind nicht so, wie ihr denkt.'

Und Cartli hatte alles seinem Vater und seiner Mutter erzählt. Darauf schickte mich der Herr eines Tages zwei Flaschen Bier holen, und als ich zurückkam und sie ihm auf sein Zimmer brachte, sagte er: ‚Komm, trinken wir miteinander ein Bier.' Ich begriff, daß er mir etwas sagen wollte, sicherlich im Zusammenhang mit dem, was ich Cartli von Annemarie erzählt hatte. Sein Zimmer war reich mit polierten, luxuriösen Möbeln ausgestattet. Dort tranken wir das Bier und aßen Keks dazu. Er zeigte mir auch das andere Zimmer, in dem er alle seine Andenken aufbewahrte. An der Wand hingen zwei Diplome, und in einem Glaskästchen lag eine Goldmedaille, die ihm für langjährige Zugehörigkeit zu einem Gesangverein verliehen worden war.

‚Ach ja', sagte ich, ‚mir würde der vierte Teil von all dem genügen, dann könnte ich heiraten.'

‚Trink, mein Freund', forderte er mich auf.

‚Und Frau Adelaide?' fragte ich.

Er ging hinunter und holte sie, und dann unterhielten wir uns zu dritt. Sie waren sehr freundlich und wollten mir offenbar etwas mitteilen. Beim Trinken sahen wir einander tief in die Augen, das ist dort so Brauch. Zum Glück wußte ich das, sonst hätten sie mich für einen schlecht erzogenen Menschen gehalten. Ich wußte es, weil ich mit Armand eng befreundet war. Wir waren eines Abends zusammen mit Freunden trinken gegangen, ebenfalls Bier, und während ich trank, schaute ich um mich. Da trat ein Junge zu mir heran und fragte mich, ob ich ihm böse sei. ‚Nein', antwortete ich, und ein Italiener, der es gehört hatte, machte mich aufmerksam, daß die Schweizer einander beim Trinken anblikken. Deshalb wußte ich an jenem Abend bei dem alten Walter Bescheid und sah ihn an, während ich trank. Auch er sah mich lächelnd an, ebenso seine Frau Adelaide. Wir erwähnten Annemarie und die Redereien auf dem Tanzfest gar nicht, aber ich merkte, daß die beiden Alten mich gerade deshalb sprechen wollten. So kam es, daß wir einander wortlos verziehen und uns bemitleideten.

Deshalb hatte ich jetzt Angst, Annemarie könnte ihren Eltern verraten, daß sie mit mir im Wald gewesen war.

Von unserem verborgenen Platz bis zum Haus war es etwa ein Kilometer, aber dieser Kilometer war so lang wie zehn für jemanden, der ihn allein hätte zurücklegen müssen, denn es ging ständig bergauf. Wir hatten uns eng umschlungen, achteten nicht auf den schlechten Weg, sondern dachten nur daran, wie schön die Liebe ist. Am Ende hatte uns unser Spaziergang, den wir unter Mond und Sternen gewagt hatten, ein wenig müde gemacht, deshalb wurde uns das letzte Stück der Steigung so schwer, als wären wir im Hochgebirge gewesen. Schon brachen die ersten Stunden des Montags an, und allmählich, ohne daß wir es merkten, kam der Augenblick, da wir Abschied nehmen mußten. Der Abschied dauerte sehr lange, Annemarie küßte mich immer wieder, bevor sie mir gute Nacht sagte ... Seitdem unterhielten wir uns zwar gelegentlich freundschaftlich, aber es geschah selten, und niemals sprachen wir über die Liebe.

Abends hatte ich meist großes Heimweh. Ich dachte an Rosa, mein Heimatdorf, das zu dieser Stunde so schön und voll Leben war: Alle waren müde von der Feldarbeit, und doch herrschte ringsum Freude. Die jüngeren Brüder luden die Milchkanne auf den Lenker ihres Fahrrads und fuhren pfeifend und guter Dinge zum Dorfplatz davon. Auf der Hauptstraße war sommers und winters ein Kommen und Gehen von Wagen, Karren und Fahrrädern von Rosa nach Gruaro und umgekehrt. Frauen machten Feuer und nahmen die zum Trocknen auf den Hof gehängte Wäsche ab und schwatzten dabei laut und lachend. Schön waren diese Stunden. Wir jungen Leute wuschen uns an der Pumpe, die Alten oder die kleinen Jungen tränkten das Vieh, dann kleideten wir uns um, denn gegen Abend ist in unseren Dörfern immer ein wenig Feststimmung.

In der Schweiz dagegen wurde es zu dieser Stunde dunkel und kühl, und alle zogen sich in ihre schönen Häuser zurück.

Ich erinnere mich, daß der Herr an einem solchen Abend zu mir gesagt hat: ‚Gabli kann nicht mehr zu uns zur Arbeit kommen, deshalb wirst du jetzt mit den Zughunden die Milch in die Meierei bringen.‘ Ich mußte zwar tun, was er anordnete, aber dieser Auftrag bedrückte mich sehr. Ich hatte keine Ahnung, wie ich den beiden Hunden das Geschirr anschnallen sollte. Ich war es nicht gewohnt, und ich schämte mich, diese Arbeit zu

verrichten. Außerdem wußte ich nicht, was ich den Tieren zu fressen geben sollte, um mich mit ihnen anzufreunden.

Sie knurrten, kläfften und hielten überhaupt nicht still. Ich streichelte sie und schirrte sie geduldig an, dann spannte ich sie vor den Karren. Die Meierei war ziemlich weit entfernt, und an jenem Abend nieselte es. Bevor ich ins Dorf hinunterfuhr, rief mir der Herr von der Tür aus zu: ‚Wenn du Übung hast, kannst du dich auf den Karren setzen.'

Ruhig brach ich auf, und 100 Meter weiter sprang ich auf den Karren, um mich von den Hunden ziehen zu lassen, die aus Gewohnheit den Weg zur Meierei liefen, ohne daß sie geführt wurden. Auf einmal aber sahen sie am Ende der Straße andere Hunde, setzten ihnen nach und bellten wie die Teufel. Ich konnte sie nicht halten, und nach einer langen Hetzjagd an den ersten Häusern des Dorfes vorbei stürzten wir schließlich vor den Augen der rufenden und lachenden Leute in den Graben – ich, die Hunde, der Karren und die Milchkannen. In diesem Augenblick kam Annemarie in ihrem weißen Pullover auf dem Fahrrad die Straße entlang, und als sie mich kopfüber im Graben liegen sah, lachte sie schallend und hörte nicht auf, als sie, ohne sich umzudrehen, weiterfuhr.

Der nächste Tag war Feiertag, und ich ging mit einigen Freunden nach Cormond zum Tanz. Das Fest fand mitten im Wald statt, ich tanzte mit Annemarie und Lilian. Aber dann mußte ich zurück, während die anderen bis in die Nacht hinein beim Tanz blieben.

Das Haus der Familie Berninger war leer, als ich dorthin zurückkehrte, und spiegelblank. Ich spannte die Hunde an und fuhr zur Meierei. Auch Salvenach war fast leer: Die Dorfjugend amüsierte sich in Cormond beim Tanz im Walde. Nur die Alten in Salvenach waren da und tranken Bier. Ich war allein im Hause meiner Herrschaft, als es Abend wurde. Auf den Höhen ringsum flammten die Lichter auf, und die Sterne erstrahlten an dem Himmel, der durch die Regenschauer am Vortag gereinigt und erfrischt schien. Ich saß in meiner Kammer zu ebener Erde neben der Küche und war vor lauter Schwermut den Tränen nahe. Am späten Abend, als die Familie längst schlief, hörte ich in der Küche Lärm und stellte fest, daß Annemarie und Lilian mit ihren Freunden plauderten. Dann aßen sie etwas und tranken Kaffee. Ich schlief zwar ein, ohne weiter an sie zu denken, aber das dauernde Reden weckte mich immer wieder. Von meinem Zimmer aus konnte man an einem Ofenrohr sehen, ob in der Küche Licht brannte oder nicht. Ich spitzte die Ohren und horchte durch das Ofenrohr, um alles mitzubekommen, was sich ereignen würde. Die Stunden vergingen rasch. Von meiner Kammer aus sah ich, daß in der Küche noch immer Licht war, und ich hörte, daß sie sich flüsternd unterhielten. ‚Sprecht leise', sagte Annemarie, ‚sonst hört uns der Knecht, der hat sich vielleicht eben erst hingelegt.' Dann bemerkte ich mit einemmal, daß das Licht gelöscht und es in der Küche ganz still war, doch ich hörte die Bänke knarren, auf denen wir beim Essen saßen. Ich konnte nicht einschlafen und weinte vor Wut. Als ich am Morgen Annemarie sah, starrte ich sie an und lachte. Sie aber hatte keine Ahnung, weshalb. Ich hatte an dem Tag zufällig im Haus zu tun, gegen zwölf kam auch Lilian vorbei und schwärmte mit Annemarie von dem herrlichen Abend, den sie verbracht hatten, bis ich sagte: ‚Na, hattet ihr eine schöne Nacht?' Da starrten sie mich mit offenem Mund an und fragten mich, ob ich ihre Unterhaltung belauscht hätte. ‚Ich habe zufällig heute nacht nicht geschlafen', antwortete ich, ,und da habe ich euch gehört. Aber das ist ja eure Angelegenheit.'

Statt zu leugnen, erzählte Annemarie, um mich zu reizen, viel mehr, als wirklich geschehen war. Aber Lilian lachte nur, denn das Einverständnis zwischen uns war ebenso groß wie an anderen Abenden. Annemarie hatte sich sehr ereifert, allmählich aber beruhigte sie sich und sagte schließlich zu mir: ,Ich rate dir, bring keinen Klatsch auf.'

Sie war gewiß sehr verliebt gewesen, aber ich war schuld, daß wir nicht mehr miteinander gingen, denn ich hatte auf unserem Spaziergang an jenem Abend im Walde nicht den Mut aufgebracht, das zu tun, was sie wollte. Doch nun hatte ich genug von ihr, und es kümmerte mich nicht, daß die Angelegenheit so endete.

Oft kam sie abends bei Sonnenuntergang die Straße herauf, denn sie half tagsüber bei ihrer Kusine. Und wenn ich an dem Fenster saß, das zum Feld hinausging, um einen Brief zu schreiben, dann setzte sie sich auf einen Bretterstapel im Hof, und wir unterhielten uns wie Freunde. Ich war wirklich ziemlich wütend, wenn ich merkte, daß sie sich mit einem anderen verabredet hatte. Eines Sonntags waren alle ausgegangen, und ich war allein zu Hause, denn ich wollte sparsam sein. Da sah ich sie zusammen mit einem Jungen die Anhöhe heraufkommen. Sie hatte sich mit ihm verlobt und nahm ihn zu sich aufs Zimmer. Am anderen Morgen sagte ich zu ihr: ,Ach ja, Annemarie, Liebe muß doch schön sein.'

,Allerdings', antwortete sie, als wollte sie mich ärgern.

,Na ja, Annemarie', erwiderte ich, ,für mich spielt sich hier nichts ab. Ich habe in Italien eine Freundin, die ist hübscher als du, viel hübscher!'"

6 An einem der ersten Oktoberabende brannten in San Giovanni trotz vorgerückter Stunde und strömenden Regens noch viele Lichter. Die Türen der Wirtshäuser standen offen und warfen glitzernde Lichtflecke auf die überschwemmten, finsteren Straßen, durch die unter den Schirmen oder mit über den Kopf gezogenen Jacken die Gäste huschten und mit den Füßen tief in den Schlammfurchen versanken.

Fast keiner war zur Abendmesse gegangen, die große Kirche und der Dorfplatz blieben leer. Das Vorwerk Romans war in dem jetzt beinahe winterlichen Regen verschwunden, ebenso das Vorwerk Monte, wenn man von einigen Gestalten bei der Gaststätte absah. Ungewöhnliches Leben herrschte nur im Braidaviertel, auf der Hauptstraße von San Giovanni in der Nähe des „Enal".

Türen und Fenster des Lokals, die übrigens ohne Läden waren, standen weit offen und ließen gelbe Lichtbündel, Stimmengewirr und Lärm auf die Straße und die Dächer der Nachbarhäuser. In den beiden kleinen Räumen zu ebener Erde und in den beiden anderen oben, wo die Partei ihren Sitz hatte, waren nämlich viele Männer und – sehr ungewöhnlich! – auch Frauen versammelt. Die Luft in den Räumen war blau vom Rauch. Die Leute saßen also schon eine ganze Weile dort. Nun aber näherte sich die Versammlung ihrem Ende. Pieri Susanna, der Sektionssekretär, sprach am Vorstandstisch mit einem jungen Mann von der Bezirksleitung, der eigens aus Pordenone gekommen war, um an dieser Versammlung teilzunehmen, und der jetzt, bevor er fortging, die letzten Verabredungen traf. Sie waren umringt von den ältesten Mitgliedern der Parteigruppe und der Gewerkschaft; mit ernsten, von Wind und Wein gegerbten Gesichtern hörten sie den beiden Funktionären zu. Die anderen, die an den Tischen saßen oder in den beiden Räumen herumstanden, wo sich auf dem Steinfußboden Wasserlachen spiegelten, unterhielten sich.

Oben war die Versammlung der „Garibaldi-Avantgarden" noch in vollem Gang. Dort herrschte anders als sonst tiefer Ernst und fast so etwas wie innere Sammlung.

Die jungen Leute in ihren derben Arbeitsjacken oder in Overalls, die nach Feuchtigkeit und Stroh rochen, saßen auf den Bänken oder lehnten an der Wand und rauchten.

Eligio war da, noch blaß und hager von den Strapazen des Aufenthalts in Jugoslawien. Seine Haut war wie bei einem Schwindsüchtigen über den Backenknochen gespannt, und die blauen Augen schienen zerfließen zu wollen, aber er war wie immer fröhlich und stets zum Lachen und Singen aufgelegt. Dann sein Vetter Jacu und seine jüngeren Brüder Onorino und Livo, die inzwischen gewachsen waren, aber noch immer kurze Hosen trugen, ferner ihre Freunde Chini, Ivano, Rino und alle anderen aus San Giovanni.

An diesem Abend hatten sich auch die jungen Leute aus Casarsa, vom Comunale und aus Sile eingefunden, und sogar ein paar Mädchen aus Romans waren gekommen.

Der Sekretär hatte eben seine Rede beendet. Sie blieben aber noch ein Weilchen beisammen, um den Regen abzuwarten, ein bißchen zu diskutieren und letzte Vereinbarungen zu treffen. Die jungen Burschen waren jedoch sehr schüchtern. Eligio stand in der Nähe des wakkeligen Tisches, über dem ein Kruzifix und ein Stalinbild hingen, und fragte die Genossen errötend: „Na, was ist? Habt ihr nichts zu sagen? Los, redet!" Die anderen sahen einander an und schwiegen. „Was sollen wir Dummköpfe schon sagen", rief sein Bruder Onorino und lachte, „es geht auch so."

Livo, der jüngste Bruder, der in der Ecke nahe bei der Tür stand, ging zu der Wand gegenüber, wo hinter dem Schrank die Fahne lehnte, zog sie freudig aus dem abgebröckelten Putz hervor und entrollte sie. „Morgen wirst du den Avantgarden von San Giovanni voranwehen", sagte er. „Viel Glück!" Die anderen lachten belustigt.

„Morgen", fuhr ein junger Mann aus Braida fort und ergriff die Fahne, „werden wir dich den Pitotti und den Spilimbergo unter die Nase halten."

„Damit sie merken, wonach die riecht!" ergänzte Onorino und zog daran, so daß die Fahne fast die Köpfe der anderen bedeckte. „Es lebe unsere schöne Fahne!" rief Eligio und schwenkte sie fröhlich.

Es goß noch immer in Strömen. Man hätte meinen können, in dem ganzen Gebiet am Tagliamento, vom Gebirge bis ans Meer, sei das gesamte Leben unter diesem Unwetter erloschen. Die Dorfstraßen waren verödet, unpassierbar, die Felder verlassen . . . Und doch herrschte wie in San Giovanni in allen anderen Dörfern des Bezirks reges Treiben, und ungewöhnlich viele Lichter funkelten. Wie Eligio und Jacu in San Giovanni, so waren Milio und Nini zur Versammlung ihrer Sektion in Rosa und in Ligugnana gegangen, so ähnlich wie am Vorabend eines Festtages, der großer Vorbereitungen bedarf, alles auf den Beinen war.

Die Delegierten aller Sektionen des Gebiets Gruaro waren zusammengerufen worden, und auch die Funktionäre aus Pordenone und Udine hatten sich versammelt.

Die Sektion der Partei hatte ihren Sitz in der Baracke, in der auch der Ballsaal war. Der Fahrradstand auf dem Flur im Schein der verstaubten Glühlampen war fast so voll wie sonst am Sonntagabend.

Auch der Sekretär Pieri Susanna hätte in Ligugnana sein müssen, aber der Regen hatte ihn daran gehindert. Sein Sohn Mariano vertrat ihn. Da er die letzten Beschlüsse mitbringen sollte, warteten alle im „Enal" auf ihn. Einige nutzten die Gelegenheit, in der Hoffnung auf einen Erfolg am nächsten Tag noch ein Gläschen zu trinken, und schließlich fingen sie an zu singen. Jung und alt hatte sich an der Theke versammelt, und Eligio hatte die Fahne heruntergebracht.

Erst gegen elf hörte es auf zu regnen, und wer einen weiten Heimweg hatte, der trat vor die Tür des „Enal", um die frische, feuchte Luft einzuatmen und prüfend den Himmel zu betrachten, an dem noch wild durcheinander dunkle Wolken dahinjagten. Dann und wann löste ein Windstoß einen Regenschauer über San Giovanni aus und ließ die rote Tafel mit dem Emblem der Partei an der Tür des „Enal" erzittern.

Aber die Leute aus Casarsa, vom Comunale und vom Bosco trotzten den letzten Widrigkeiten des Unwetters und radelten singend auf der schlammigen Straße nach Hause. Kurz darauf traf Pieri Susannas Sohn aus Ligugnana ein. Er brachte keine gegenteiligen Anweisungen für den nächsten Tag. Deshalb gingen nun auch die anderen heim, nicht ohne unterwegs in dem stillen, schlummernden Dorf weiterzudiskutieren.

Blaßgrau und regenschwer war der Himmel am Tag darauf. Es regnete nicht, doch man spürte auf der Haut und in den Kleidern eine kühle Nässe, obwohl von der Adria her weiter Schirokko-Luft heranwehte. Häuser und Gärten wirkten finster – von Casarsa, den Viale della Rimembranza entlang, nach San Giovanni, San Floreano bis zu den ersten Häuschen von Gruaro am Ende der langen baumgesäumten Straße. In aller Herrgottsfrühe – die Schläge der Morgenglocken waren noch nicht verhallt, die alten Frauen noch nicht aus der Kirche zurückgekehrt, um Feuer anzuzünden – versammelten sich im „Enal" Männer und Jungen und auch einige Frauen. Fünf oder sechs Wagen, die Räder tief im Schlamm, standen im kalten Schatten der Straße nebeneinander und rochen nach Regen und Dung. Ein paar Jungen achteten auf die Pferde. Die Mitglieder der Avantgarden schrien ungeduldig durcheinander, fast fünfzig waren bereit, mit ihren Fahrrädern nach Rosa aufzubrechen. „Worauf wartet ihr noch?" fragte Jacu. „Wir kommen gar nicht aus San Giovanni raus, wenn wir diesen verrückten Alten hinterherrennen."

„Gruaro läuft uns nicht weg!" rief Eligio von weitem.

„Aber die Pitotti und die anderen Herren können uns ausreißen", antwortete Jacu.

„Uns genügt schon, wenn wir mit ihren Verwaltern sprechen!" rief Onorino und lachte.

„Warum willst du Susanna nicht sagen, daß wir inzwischen vorfahren?" erkundigte sich Jacu.

„Es ist besser, wenn wir alle zusammenbleiben", antwortete Eligio unschlüssig.

Die Straße füllte sich, einige saßen auf ihren Rädern, andere hielten sie an der Lenkstange. Sie redeten durcheinander, schrien und lachten. An die Abzeichen im Knopfloch hatten sie rote Bändchen gehängt.

„Und wem geben wir die Fahne?" fragte Eligio.

„Mir", rief sofort Onorino, der neben ihm stand.

„Gut, geben wir sie ihm", entschied Jacu.

Sie liefen in das leere Lokal und holten die Fahne.

Sobald Onorino mit ihr in der Tür erschien, scharten sich die Jungen um sie und brachen in Hochrufe aus, als Onorino sie schwenkte.

„Ruhe, Jungen!" gebot Susanna.

„Wir brechen jetzt auf", sagte Eligio, der die gute Stimmung nutzen wollte. „Dann schreien die anderen wenigstens nicht, daß ihr zu spät kommt", fügte er hinzu, „wenn sie sehen, daß wir da sind."

„Ja, gut", sagte Giovanni Blasut, „es ist vielleicht besser, wenn sie inzwischen gehen."

„Geht", sagte schließlich auch Susanna, „aber gebt acht auf der Straße! Keine Dummheiten, und ernst bleiben! Sagt Leon, daß wir gleich kommen."

„Ab geht's, Jungs!" rief Eligio Pereisson. Sein Bruder Onorino mit der Fahne und Livo setzten sich an die Spitze, und die Gruppe junger Leute fuhr lärmend durch Braida nach San Floreano, und von dort schnitten sie ein Stück ab, indem sie statt auf die Straße nach Gruaro auf einen Feldweg nach Madonna di Rosa einbogen. Vor den Ruinen der Wallfahrtskirche, die der Regen ausgewaschen hatte, und auf dem Platz war eine große Menschenmenge versammelt, die auf den Augenblick wartete, sich nach Gruaro in Bewegung zu setzen. Mitten in diesem Gedränge und Geschiebe von Wagen und Fahrrädern sah man Leon und die Leiter aus Ligugnana und von den wichtigsten Sektionen. Leon disku-

tierte mit den aus Udine und Pordenone eingetroffenen Gewerkschaftern. Eine Schar Jugendlicher aus Ligugnana umringte sie in respektvoller Entfernung und hörte ihnen zu. Ein Bein auf dem Fahrradsattel, die Schulter gegen den Stamm einer Kastanie gelehnt, so wartete Nini Infant gelassen zusammen mit den anderen auf die Anordnungen der Leitung. Er hatte sich ein rotes Tuch um den Hals geschlungen und unter dem Kinn mit einem Doppelknoten gebunden.

„Nini!" rief Eligio von weitem, als er mit der Gruppe aus San Giovanni den Platz erreichte.

„Alter Bursche!" antwortete Nini, stieß sich von der Kastanie ab und fuhr ihm entgegen.

„Die aus San Giovanni sind da", sagte Germano zu Leon.

„Warum so wenige?" fragte Leon.

„Es sind nur die Jungen."

„Und wo bleiben die anderen?" rief Leon der Gruppe zu, die sich zu ihm durchdrängte.

„Sie kommen bald", antwortete Eligio.

„Schließt euch den Avantgarden aus Ligugnana an, ihr sollt zusammen mit ihnen vorgehen", sagte Leon und nahm das unterbrochene Gespräch mit den anderen Funktionären wieder auf.

„Heute geht's los!" frohlockte Nini.

„Wenn ich in den Hosen des Grafen Spilimbergo steckte, dann wäre mir jetzt gar nicht wohl", sagte Eligio. Alle redeten und schrien und suchten einander in dem Menschengewirr. Auf dem Platz in Madonna di Rosa war beinahe ein Betrieb wie bei der Kirmes. Hunderte junger Burschen, die meisten mit roten Halstüchern, drängten sich zusammen mit den Alten gestikulierend auf dem morastigen Boden zwischen den Bäumen. Türen und Fenster der Häuser waren geschlossen, hier und da leuchteten rot die Fahnen der Sektionen.

Vom wolkenbedeckten Himmel fiel ein fast blendendes Licht auf Gruaro. Schwarz und kahl zeichneten sich hinter dem Bahndamm die Carniaberge ab. Bevor die 3000 Demonstranten aus Madonna di Rosa und Prodelone eintrafen, sah der Platz in Gruaro fast wie an einem gewöhnlichen Herbsttag aus. Zwischen den beiden alten venezianischen Toren wickelten sich wie immer die üblichen Vormittagsgeschäfte ab: Die Fahrer des Postautos aus Udine stiegen aus, traten in das geräumige Lokal unter den Bogengängen und tranken Kaffee. Einige alte Frauen verschwanden in die Kirche oder verließen sie gerade, und zwischen den Läden am Marktplatz und dem Fischmarkt waren Mädchen zu Fuß oder auf Rädern unterwegs. Still, wie verängstigt, kamen aus den Ortsteilen Fontanis und Favria die Demonstranten in langen, ungeordneten Kolonnen, und innerhalb einer Viertelstunde hatten sie sich auf den ganzen Ort verteilt.

Auf dem Platz und auf den Straßen sah man weder Carabinieri noch Polizei; die Leute von Gruaro, die auf Straßen und Plätzen waren, zeigten sich nicht ängstlich. Einige junge Frauen, die mit vollen Markttaschen nach Hause gingen, hoben sogar die Faust gegen die Häuser der Reichen und riefen: „Die sollten sich schämen!“ Die Demonstranten, die sich auf dem Platz sammelten, hörten es und lachten. Auf allen Straßen, die ins Ortszentrum führten, sah man Gruppen in Overalls, mit roten Halstüchern oder in alten Partisanenuniformen mit den Tarnmützen, den Hosen und den Stiefeln, die sie Deutschen und Amerikanern abgenommen hatten. Sie setzten sich auf die Bordkanten oder auf die Stufen vor den

Häusern und hinderten den Zugang. Niemand konnte mehr das Zentrum des Ortes betreten oder verlassen.

Unter den Bogengängen der Kirche standen die jungen Leute aus San Giovanni dichtgedrängt mit denen aus Ligugnana. Von dem Himmel, der sich allmählich verdunkelt hatte, goß es jetzt in Strömen.

„Wo ist Nini?“ fragte Eligio, als Basilio auf seinem Fahrrad vorbeisauste.

„Er steht am Fontanis-Tor Posten“, antwortete Basilio. Sie hatten sich im Durcheinander beim Einmarsch in den Ort aus den Augen verloren.

„Ich suche ihn“, sagte Eligio.

„Es ist besser, du bleibst bei uns“, wandte Onorino ein, „falls es neue Anweisungen gibt.“

Eligio zuckte mit den Schultern. „Ich komme ja gleich wieder“, sagte er und griff nach seinem Fahrrad.

„Wir müssen uns bereit halten!“ beharrte Onorino. Aber Eligio verschwand bereits in dem jetzt nicht starken, aber dichten, nebelähnlichen Regen. „Ich bin gleich wieder da!“ rief er noch. Unter dem Torbogen hielt ihn ein Junge an und fragte: „Wo willst du hin? Hier kannst du nicht raus.“

In diesem Augenblick erschien Nini. „Eligio!“ rief er. „Komm her, mein Lieber.“ Die Posten am Tor hatten sich zwei Flaschen Wein besorgt. „Trink“, forderte Nini ihn auf. Eligio setzte lachend die Flasche an die Lippen und nahm zwei kräftige Schluck.

„Was macht ihr?“ fragte Nini.

„Bis jetzt nichts“, antwortete Eligio.

„Ich möchte am liebsten . . .“, sagte Nini und machte eine Bewegung, als wollte er jemand an die Kehle.

„Beruhige dich“, sagte der Junge, der Eligio angehalten hatte. „Hast du nicht die Empfehlungen Leons und der anderen von der Gewerkschaft gehört? Du darfst nicht alles durch Torheiten verderben. Wir Kommunisten sind keine Lumpen."

Nini zuckte mit den Schultern, aber die Diskussion wurde von der Stimme Livos unterbrochen, der vom Platz her, aus der Menge heraus, nach Eligio rief. Er winkte ihm aufgeregt, Eligio indessen nahm rasch noch einen Schluck aus der Flasche, bevor er ging. Livos Miene verfinsterte sich. „Die anderen marschieren", rief er. „Beeil dich!"

Kaum war Eligio in der Nähe, da lief Livo, statt sich den Bogengängen zuzuwenden, wo sie zuvor gewesen waren, in Richtung des Fischmarkts davon.

Auf dem Platz schrien, lachten und fluchten Hunderte Menschen durcheinander.

„Siehst du, jetzt haben wir sie verloren", fauchte Livo wütend, ohne seinen Bruder anzusehen. Aber in diesem Augenblick kam einer aus Ligugnana bei ihnen vorbei.

„He!" rief Livo. „Hast du unsere gesehen, Susanna und die aus San Giovanni?"

„Die sind zu Pitottis Villa gezogen", antwortete der andere mit einer drohenden Geste. „Gebt's ihnen, Genossen!" fügte er hinzu, als die beiden Brüder die Schulstraße hinunterliefen.

Hinter den Schulgebäuden, jenseits des Wassergrabens, der in früheren Jahrhunderten der Stadtgraben von Gruaro gewesen war, erhob sich in einem kleinen Garten die Villa der Familie Pitotti. Der Garten, die Straße davor und der Grabenrand waren besetzt, die Fenster an der Vorderfront des Hauses waren geschlossen. Als Livo und Eligio ihre Gruppe erreichten, klopften Susanna, Giovanni Blasut und Jacu gerade an die Tür. Das taten sie seit fünf Minuten, aber niemand öffnete.

„Die sind drinnen und sterben vor Angst", sagte Livo.

„He, Herrschaften, aufmachen!“ schrie Susanna, trat einige Schritt auf dem Kies zurück und blickte zu den Fenstern hinauf. „Macht auf, sonst schlagen wir euch die Tür ein.“

Bald darauf öffnete sich die Tür, und in der Öffnung erschien ein fünfzigjähriger Mann, dick, groß und kahlköpfig, eine Zwillingsflinte im Anschlag. Es war Pitotti selbst, einer der reichsten Grundbesitzer im Bezirk. „Was wollt ihr?“ fragte er.

„Wir wollen mit Ihnen reden“, antwortete Susanna laut.

„Ihr seid ja mit 100 Mann hier“, sagte Pitotti, „ihr wollt doch nicht etwa allesamt in mein Haus kommen.“

„Zum Reden genügt einer“, entgegnete Susanna.

„Also gut, ich lasse eine Abordnung rein, höchstens vier Mann.“

Nach kurzem Zögern traten Susanna, Blasut, Jacu und Eligio in den Hausflur.

„Hier lang“, sagte Pitotti.

Er führte sie in sein Arbeitszimmer. Dort stand ein großer Schreibtisch, blankpoliert und sauber wie alle anderen Möbel, die sich im Parkett spiegelten. Der Schreibtisch war mit Papieren und staubigen, vergilbten Bänden bedeckt. Daran saß Pitottis Onkel, ebenfalls groß und kahlköpfig, und ihm zitterten die Hände vor Altersschwäche oder vor Angst. Pitotti stellte sich hinter den Schreibtisch.

„Na und?“ fragte er. Keiner der Arbeiter hatte den Mut zu sprechen. „Ich warte darauf, daß ihr mir sagt, was ihr von mir wollt. Seid so nett!“ Er sprach venezianischen Festlandsdialekt, wie er in Friaul in bürgerlichen Kreisen üblich war.

„Rede du“, sagte Blasut auf friaulisch zu Susanna, dem Ältesten von ihnen. Susanna stammelte, den Blick gesenkt: „Wir sind gekommen, wie wir es bei allen Grundbesitzern der Gegend getan haben und auch weiter tun werden, damit ... sie den Arbeitslosen Beschäftigung geben. Das ist ihre Pflicht, jetzt, nach dem Schiedsspruch von De Gasperi."

„Der De-Gasperi-Schiedsspruch!" rief Pitotti aus. „Seit Monaten wird davon geredet, und mir ist, als hätte das Gericht in Udine ein Urteil gefällt ..."

„Ein schönes Urteil! Das ist für uns nicht verbindlich", unterbrach ihn Susanna, der noch immer zu Boden blickte. „Die Vertreter der Pächter hatten sich zurückgezogen, bevor dieses Urteil gefällt wurde."

„Vor allem, mein Lieber", sagte Pitotti unerwartet heftig, „lehrt uns die gute Erziehung, daß man einander ansieht, wenn man miteinander spricht."

„Ruhig, ruhig! Blasen Sie sich nicht so auf", fuhr Eligio ihn an. „Sie denken wohl, weil Sie studiert haben und reich sind, können Sie unsere Unwissenheit ausnutzen. Uns hat niemand das beigebracht, was Sie gute Erziehung nennen." Eine Drohung schwelte in seinen starren, farblosen Augen.

„Ich wollte nur sagen", erwiderte Pitotti, den Ton wechselnd, „daß ihr offenbar auf meinem Fußboden was gesucht habt. Habt ihr auch da Rechte?"

„Wir haben kein Recht auf Ihren Fußboden", schrie Eligio, „wir haben nur das Recht auf Arbeit."

„Und was kann ich dazu tun? Ich sitze doch nicht in der Regierung."

„Stellen Sie Arbeiter ein", sagte Susanna. „Wenn jeder Grundherr in Gruaro einige Arbeitslose einstellt, dann wird damit auch hier der De-Gasperi-Schiedsspruch auf friedlichem Wege angewendet."

„Ich habe bereits gesagt, daß es ein Urteil des Gerichts in Udine gibt. Und daran halte ich mich!"

„Es war ein Fehlurteil."

„Ich habe schon mal gesagt, daß ich darauf nicht eingehe. Ich bin ein Privatmann wie ihr, habe meine Familie und arbeite für sie."

„Sie essen jeden Tag", sagte Eligio, „aber es gibt Leute, die wissen am Morgen beim Aufstehen nicht, ob sie am Abend, wenn sie schlafen gehen, etwas gegessen haben werden oder nicht."

Pitotti wehrte mit den Händen ab.

„Ach, daran denken Sie nicht?" fuhr Eligio fort. „Sie denken nicht daran? Und wer soll daran denken?"

„Unser Verband hat euch Vorschläge unterbreitet, um euch entgegenzukommen . . ."

„Schöne Vorschläge! Außerdem haben Sie diese Vorschläge erst nach wochenlangen Auseinandersetzungen rausgerückt. Sonst wäre es Ihnen doch nie eingefallen, zu den Unglücklichen zu sagen: ‚Hier ist ein Teller Suppe, friß, Hund!'"

„Also – was wir tun konnten, das haben wir getan."

„Ach nein! Durch Einstellung von 120 Arbeitslosen konnten Sie nur vier Prozent der notwendigen Meliorationsarbeiten abdecken! Die Gewerkschaft war im Recht, als sie das nicht akzeptierte. Im ganzen Gebiet von Gruaro 600 Arbeitslosen Beschäftigung geben – verlangen wir zuviel?"

„Das sind lauter Ausreden", brüllte Pitotti plötzlich, „lauter Ausreden, um den politischen Hintergrund eurer Demonstrationen zu tarnen."

„Politischer Hintergrund?" fragte Eligio, dem das Blut zu Kopf stieg. „Die Arbeitslosen sind da, und wenn Sie es nicht glauben, dann kommen Sie mit, ich zeige Ihnen die Wohnungen, damit Sie sehen können, was Elend eigentlich ist. Da können Sie sicher sein, daß Sie keinen

Marmorfußboden vorfinden", fügte er hinzu und stampfte mit dem Fuß auf.

„Ihr wollt also", schnitt ihm Pitotti die Rede ab, „daß ich einfach aus eigener Initiative Arbeiter einstelle. Ich sage euch gleich, daß ich das nicht tue! Ich kann nicht gegen das Gesetz handeln, noch weniger entgegen der Wohlverhaltenslinie meines Verbandes."

„Wenn Sie ein Herz hätten, dann würden Sie sich weder um das Gericht noch um den Verband kümmern. Wenn Sie Arbeiter einstellen, helfen Sie den notleidenden Familien."

„Ich verstehe. Aber ich kann mich nicht allein gegen alle meinesgleichen stellen", sagte Pitotti und wollte auf den Flur hinausgehen.

„Ist das Ihr letztes Wort?" fragte Susanna. Er war blaß geworden und lüpfte die Mütze auf dem Kopf.

„Ja."

Die vier blieben unentschlossen, was sie tun sollten.

„Aber nicht unseres!" schrie Jacu auf einmal.

„Gehen wir, Genossen."

Hastig verließen sie das Arbeitszimmer. Als sie an der Gartenpforte waren, drängten sich die Demonstranten, die auf das Ergebnis der Verhandlung gewartet hatten, um ihre Abgesandten, die an der Pforte stehenblieben.

„Er will nicht! Er will nicht!" rief Jacu.

„Gebt ihm eine Tracht Prügel, und ihr werdet sehen, daß er will", schrie einer aus der Menge.

„Ruhe, Genossen", gebot Susanna. Aber sie waren in Erregung geraten. Alle drängten, die Fäuste schwingend, dem Eingang zu.

„Was wollen sie?" fragte Pitotti, der den vier bis zur Tür gefolgt war.

„Dich totschlagen", schrie ihn Jacu auf friaulisch an.

Susanna gelang es, die Menge einen Augenblick zum

Schweigen zu bringen. „Also gut“, sagte er, „wenn wir dieses Haus besetzen müssen, so tun wir es auch: Wir gehen jetzt alle hinein. Aber gebt acht, Genossen, was ihr tut. Ich lasse Leon holen, und er wird verhandeln.“

„Hinein, Genossen!“ rief Eligio. Alle stürzten in den Flur und drängten sich dort bis an die Treppe, die in die oberen Stockwerke führte. Die Jungen setzten sich mit dem Rücken gegen die Wand auf den Fußboden und rauchten. Susanna, Eligio, Jacu und Blasut gingen zusammen mit Pitotti in das Arbeitszimmer und setzten sich an den Schreibtisch. Sie hatten Livo hinausgeschickt, um Leon zu holen.

„Wer wird jetzt schon Leon finden“, sagte Susanna. „Er kann doch nicht wie der heilige Antonius an hundert Orten zugleich sein!“

Das ganze Haus hallte wider von dem Geschrei, dem Lachen und den Diskussionen der Arbeiter. Als nach rund 20 Minuten alle ein wenig müde wurden, stimmten einige, die sich auf die Stufen unterhalb der Marmorbrüstung gesetzt hatten, ein Lied an. Fast eine ganze Stunde sangen sie. Unterdessen hörte es zu regnen auf, und gegen Mittag wurde der Himmel klar.

„Er kommt gleich!“ rief Livo, als er schwitzend in das Arbeitszimmer trat. Und wirklich, wenige Minuten später traf Leon mit zwei führenden Leuten von der Gewerkschaft ein. Er war ein großer, dreißigjähriger Mann mit mächtigen Schultern, er hatte ein helles, eckiges Gesicht mit einer Adlernase, herabhängendem Schnurrbart und Augen, in denen ein düsteres, entschlossenes Feuer glomm.

Er ging eilig in die Villa, und alle drängten sich nun herein, grüßten ihn vertraulich und schrien durcheinander.

„Wo ist Susanna?“ fragte Leon kurz. Mit wenigen

Worten berichtete Susanna, was geschehen war. „Bringt ihn her“, ordnete Leon an. Susanna holte Pitotti aus dem Arbeitszimmer.

Nach viertelstündiger Verhandlung erklärte Pitotti vor allen, er habe eine Übereinkunft unterzeichnet, in der er sich verpflichte, Arbeiter einzustellen.

Die Mittagsglocken läuteten. Es sah aus, als würde das Wetter noch schön. Das matte, farblose Tageslicht wurde heller auf Mauern und Dächern des Dorfes, das sich jenseits des Grabens düster rings um den Sportplatz erstreckte. Die Gruppe folgte Leon, der mit den auswärtigen Funktionären sprach, überquerte wieder die Brücke und ging in den Ort zurück auf den Platz. Mit dem Aufklaren und dem Glockengeläut kam gewissermaßen Feststimmung auf. Ströme von Demonstranten zogen über den Platz; andere saßen unter den Bogengängen, an den Türmen waren hier und da ständig Posten. Sie lehnten müßig an der Mauer, unterhielten sich oder riefen den Genossen, die über den Platz gingen, etwas zu. Eligio war gleich nach seiner Rückkehr zu Nini gelaufen. Nini saß auf dem nassen Erdboden, und sein rotes Halstuch leuchtete wie Blut.

„San Zuan“, sagte er auf friaulisch, „trink!“ Und er reichte Eligio die Flasche.

„Wer keinen Befehl hat, in Gruaro zu bleiben“, rief Basilio, der mit dem Fahrrad eintraf, „der kann zum Essen nach Hause gehen, hat Leon gesagt.“

Nini und die anderen, die Posten standen, rührten sich nicht und hörten Basilio unbewegt zu.

„Bleibst du hier?“ fragte Eligio.

„Ja, wir bleiben, wir vom Tor“, sagte Nini.

„Und was ißt du?“

„Die Frauen von Ligugnana bringen uns was.“

In diesem Augenblick rief jemand: „Hallo, Freunde!“ Es war Milio. Blaß und gerötet zugleich, mit seinen glasharten, blauen Augen sah er sie lachend an.

„Milio! Wo kommst denn du her?“ begrüßte ihn Nini erfreut.

„Wo soll ich herkommen? Ich bin eben auch hier, wie ihr!“

„Trink“, forderte Nini ihn auf.

„Ja, ich nehme einen Schluck! Ich habe einen Brand, daß mir schwarz vor den Augen wird“, sagte Milio und fuhr heiter fort: „Ich gehe zu meinem Onkel hier in der Nähe, einen Happen essen. Wollt ihr nicht mitkommen?“

„Natürlich, machen wir“, antwortete Nini. „Los, Eligio.“

Während Nini und Eligio mit Milio gingen, zogen die anderen in entgegengesetzter Richtung davon. Onorino trug wieder die Fahne und schwenkte sie an der Spitze der Gruppe, die ihm singend folgte.

7 Das ärmliche Häuschen der Familie Faedis – das waren Milios Verwandte – lag auf halbem Wege zwischen Gruaro und Rosa, mitten in den Feldern. Gleich dahinter begannen das Tal des Tagliamento und ein Stück weiter das leere Kiesbett des Stromes, das sich, groß wie ein See, gegen die Schatten der Berge abhob.

Die Sonne war ein wenig herausgekommen, und die drei Freunde radelten fröhlich die Landstraße entlang, an der die regennassen Hecken beiderseits vom Herbst schon recht gezaust waren.

Als erstes erblickten sie auf dem schlammigen Grund zwischen den ineinander verfilzten Rebstockreihen ein sehr bleiches Mädelchen mit einem dicken Zopf, den sie, mager und klein, wie sie war, kaum zu halten vermochte. Sie hatte große Augen, wie ein Lamm, die in der Größe dem Zopf ebenbürtig waren, aber nicht sehen zu können schienen, ebenso wie die Augen neugeborener Lämmer.

Doch sie war wenigstens sechzehn, siebzehn Jahre alt. Und als die Jungen näher kamen, entdeckten sie noch eine andere, jüngere, die aber weit weniger schüchtern war, denn sie musterte die drei Burschen, die sich da fröhlich und schlammbespritzt näherten, mit festem Blick.

„Tag, Cecilia, Tag, Ilde!“ rief Milio. „Wollt ihr mich nicht grüßen?“ Ilde, die kleinere, brachte ein leises, kaum vernehmbares „Tag“ hervor. Cecilia dagegen schlug die Augen nieder und senkte den Kopf, als zöge der schwere Zopf ihn nach unten.

Aber die drei Freunde beachteten sie gar nicht, sahen sie nicht einmal an, diese Milchkälbchen, die zwischen den Rebstöcken im feuchtweichen Gras standen und wer weiß was zu begaffen schienen. Die drei fuhren geschwind durch das vom Regen verwitterte Tor auf den Hof der Faedis.

„Grüß euch, Vettern!“ rief Milio.

Die beiden Jungen wuschen am Trog ein Pferd.

„He, Nisiuti“, spöttelte Milio, „du bist immer mit demselben Pferd hier, wäre es nicht besser, wenn es dein Mädchen wäre?“

Der Kleine sah ihn lachend an, das Haar fiel ihm in die Stirn, er richtete sich auf seinen langen Beinen auf, die in weißen Socken staken. „Na ja, allerdings!“ sagte er.

Der größere, Nesto, sagte: „Jetzt wirst du aber Vater hören! Wer weiß, was er dir wieder erzählen wird, weil du auf den Platz mitgegangen bist, um den Dummen zu spielen!“

„Was soll er mir schon erzählen“, antwortete Milio achselzuckend, „ich habe auch in seinem Interesse gehandelt, nicht nur in unserem.“

„Ja, ja“, erwiderte Nesto und striegelte den jungen Hengst Marco kräftig weiter, „aber nicht im Interesse des Pfarrers.“

„Bravo, Junge!“ rief Nini, der wie Eligio das Fahrrad an die Steinmauer lehnte. „Nach dem Essen kommst du mit auf den Platz, ja? Und dem Pfarrer machen wir Feuer unter dem Hintern.“

Die ganze Familie Faedis war zu Hause in der großen Küche am Herd. Sie gehörten nicht zu denen, die aus diesem oder jenem Grunde für nichts und wieder nichts Unruhe stifteten. „Wir sind arm geboren, und arm werden wir sterben“, sagte der alte Erminio, Nestos und Nisiutis Vater, das Oberhaupt der Familie. Jetzt saß er da, einen Fuß auf dem Herdrand, zündete sich die Pfeife an und stocherte in den glühenden Scheiten, die in dem Holzhaufen prasselten.

„Guten Tag, Onkel, guten Tag allerseits“, sagte Milio, als er eintrat, mit lauterer und schärferer Stimme als üblich. Das war immer so, wenn er fröhlich oder ein bißchen verlegen war. „Ich stelle euch meine beiden Freunde vor“, fügte er hinzu. „Ein Stück Brot und ein bißchen Käse wird wohl für sie übrig sein.“

„Setzt euch, setzt euch“, sagte die alte Anuta, die ebenfalls am Herd saß. „Wer ist das?“ fragte der alte Faedis, spie kräftig aus und zog hastig an seiner Pfeife.

„Das ist Nini Infant aus Ligugnana, und das ist Eligio Pereisson aus San Giovanni“, erklärte Milio.

Der jüngere Bruder des alten Faedis, Francesco, ein kleiner, völlig zahnloser Mann, dessen Gesicht aber Güte und Liebenswürdigkeit ausstrahlte, sagte zu Eligio: „Ich bin mit deinem Vater befreundet, wir waren zusammen Soldat. Also sind wir alte Bekannte.“

Eligio und Nini hatten sich auf den Rand der Korbstühle gesetzt, die mitten in der Küche um den großen Eßtisch standen.

„Ja, er hat mir davon erzählt“, sagte Eligio.

„Wie viele seid ihr?“ fragte Francesco.

„Ich, zwei jüngere Brüder und meine Schwester Alba“, antwortete Eligio.

„Dann ist dein Vater tüchtiger gewesen als ich“, meinte Francesco und riß seinen zahnlosen Mund weit auf, „er hat vier Kinder gemacht, ich nur drei: die beiden Mädchen, die ihr draußen gesehen habt, diese närrischen Dinger, und den hier." Er zeigte auf ein zwei oder drei Jahre altes Kind, das, in Lumpen gehüllt, wie ein Hündchen auf dem Fußboden spielte.

„Dumm von meinem Vater", sagte Eligio. „Je weniger Esser, desto besser lebt man."

Alle lachten – die alte Anuta, Francesco, die jungen Frauen und vor allem die Töchter, die Nini gleich beim Eintreten bemerkt hatte. Sie waren frisch und fest im Fleisch wie Statuen, hatten volles, krauses Haar um die runden Wangen. Am hübschesten war Regina, Faedis' älteste Tochter.

„Ich glaube, ich kenne Sie", sagte Nini und sah sie an.

„Möglich", antwortete Regina und wurde glutrot, weil sich aller Augen auf sie richteten.

„Sind Sie nicht die Freundin von Ernesto Castellarin, der bei Mangiarotti arbeitet?"

„Ja", bestätigte Regina und errötete noch mehr.

„Er ist mein Freund", sagte Nini. „Ja, er kann zufrieden sein", fügte er hinzu, „er hat einen guten Posten."

„Sicherlich hat er einen guten Posten", sagte der alte Faedis und spie aus, „sonst würde ich ihm nicht meine Tochter geben."

„Da sieht man's mal wieder", kommentierte Nini. „Als Freund des Pfarrers bekommt man leichter eine Stellung, die anderen können ruhig auswandern."

Der alte Faedis sah ihn wütend an. „Warum bist du denn nicht sein Freund? Und was bedeutet es dann schon, daß auch du ein Freund des Priesters bist!"

„Ich bin ein Freund aller", entgegnete Nini, „aber keiner wird mich von meiner Idee abbringen."

„Gut!“ brummte der rothaarige Alte. Er geriet immer leicht in Wut.

In diesem Augenblick hörte man vom Hof her eine heulende, scharfe Stimme, die den Ohren weh tat.

„He!“ rief die Frauenstimme.

„Ach, die Gufa“, sagte Anuta mit der Miene eines Menschen, der von alten Bekannten spricht, und wartete wie alle anderen, daß die Besucherin hereinkam.

Tatsächlich trat die Gufa herein – eine frischgebakkene Ehefrau, weiß und rosig, die in ihren Kleidern und ihrem straff gekämmten Haar strotzte.

„Oh“, machte sie, kaum, daß sie in dem Raum war, und legte die Hand auf den Mund. Sie sah, daß Gäste da waren, und verstummte, doch sie übertrieb die Überraschung und die Verlegenheit. Aber gerade das war notwendig, um eine Diskussion in eine andere Richtung zu lenken, die wenig erfreulich hätte werden können: In Rosa wußte jeder, daß die Faedis es mit dem Pfarrer hielten. Nini dagegen konnte das nicht wissen, da er ja aus Ligugnana war.

Alle sahen jetzt lachend die Gufa an, die an der Tür stand, eine Hand vor dem Mund, in der anderen eine Ölflasche.

„Sprich, sprich“, ermunterte die alte Anuta sie.

„Ich habe kein Öl mehr im Haus“, begann die Gufa verschämt, „und bin gekommen, um zu fragen, ob ihr mir nicht einen Tropfen borgen könnt.“

„Ja, ja“, antwortete Anuta, „gib nur her.“

Regina wollte geistreich sein und sagte ziemlich dreist: „Hauptsache, du bringst es wieder.“

„Ich heiße doch nicht Regina!“ erwiderte die Gufa und hob stolz den Kopf. Sie spielte offenbar auf etwas an, was sich einmal zwischen ihr und den Frauen ereignet hatte und was augenblicklich alles zu ihren Gunsten entschied.

„Verrücktes Ding! Verrücktes Ding!“ schalt Anuta und neigte den Oberkörper leicht zur Seite, als sie das Öl eingoß. Alle lachten, und die Gesichter glühten vor Heiterkeit.

Giuditta, Francescos Frau, bereitete die Polenta zu. Sie war eine fast ebenso rosige Frau wie die Gufa, aber älter, mit vollen Lippen und kleinen Augen, und beim Lachen schwoll sie gewissermaßen an. Sie rührte noch einmal mit der Kelle im Topf und schüttete dann die Polenta aus.

„Los, ruft alle her, das Essen ist fertig!“ sagte sie geschäftig.

Regina ging an die Hoftür und schrie wie eine Wahnsinnige: „Nesto! Nisiuti! Cecilia!“

Nesto und Nisiuti waren da. Sie liefen aus dem Stall herbei, in den sie den Hengst Marco gebracht hatten, geschniegelt und gestriegelt, so daß er wie Gold glänzte. Aber Cecilia und Ilde, diese beiden ...

„Cecilia!“ rief Regina noch einmal.

Sie dachten gar nicht daran, zu erscheinen. Reginas Stimme erscholl vergebens über dem mit Gerätschaften vollgestopften Hof, der Dunggrube, dem kleinen Obstgarten und den Feldern mit den Rebstockreihen, die fast entblößt zwischen den schwarzen Maulbeerbäumen standen, und verhallte im Mittagsfrieden der Felder.

Die einzige Stimme, die Regina antwortete, war die der Kirchenglocken von Rosa, deren Klang von einem lauen Seewind herangetragen wurde, der die Wipfel der Pappeln und das grünliche Weinlaub zauste.

„Die käme nicht mal, wenn man sie totschlüge“, sagte

Francesco und lächelte verlegen mit dem zahnlosen Katzenmund.

„Warum?“ fragte Eligio. „Wovor hat sie denn Angst?“

„Vor euch, weil ihr junge Männer seid!“ platzte Nesto heraus, und um seine Lippen spielte jenes sonderbare Lächeln, das alle Faedis hatten, wenn von Cecilias Schüchternheit die Rede war.

„Wir fressen sie doch nicht auf“, sagte Nini, der bei dem Gedanken an dieses hübsche, schüchterne kleine Mädchen ein wenig in Erregung geriet.

„Wenn einer sagt, daß sie verlobt ist, dann fängt sie an zu weinen, so sehr schämt sie sich“, erklärte Nisiuti und machte ein spitzbübisches Gesicht.

„Halt den Mund, du machst ja noch ins Bett“, wies die Mutter ihn zurecht. Er aber war nicht im geringsten beeindruckt, kam mit seinem Teller herbei und fragte wie ein Großer: „Ist das Essen noch nicht fertig?“

Kurz darauf aßen alle Polenta mit Wurst. Sie roch so stark, daß ein Toter davon auferstanden wäre. Die Gufa war noch immer da, mit der Ölflasche in der Hand, sie dachte nicht daran, zu gehen, denn es war viel zu interessant. Und sie hatte recht, denn Erminio schickte Nesto drei- oder viermal in den Keller nach Wein, und eine halbe Stunde später waren alle angeheitert, besonders die Frauen, die weniger als die Männer gewohnt waren, Wein zu trinken.

Die Frauen schienen von einer Art Lachsucht befallen, aber sie waren nicht berauscht genug, das nicht zu bemerken, und so machten sie, um es zu verbergen, ungeschickte und einfältige Bewegungen, wischten sich die rußigen Hände an der Schürze ab und hoben die Arme, als wollten sie den Herrn anrufen. Daraufhin schämten sie sich immer mehr, so daß in mancher Falte ihrer rissigen Haut die Röte junger Ehefrauen wiederkehrte.

Die Kleinen hatten ihren Spaß an der Fröhlichkeit der Älteren und neckten sie.

„Wer weiß, wie Sie hinter unserem Rücken über uns lachen", sagte Anuta, puterrot im Gesicht.

Nini und Eligio, die im Mittelpunkt der Runde waren, beruhigten sie: „Aber nein, liebe Frau, warum sollten wir lachen?"

„Sie werden sagen, ihr seid ein paar verrückte Alte", rief vom Herd her Regina, die aufgehört hatte zu essen und bei den anderen Mädchen saß. Sie waren alle feuerrot.

„Sei still, dumme Gans!" fuhr die Mutter sie an. Das Mädchen verbarg kichernd das Gesicht hinter einem Arm, und eine der jüngeren verteidigte sie: „Auch wir haben das Recht, unsere Meinung zu sagen!"

„Denkt erst einmal daran, einen Kerl zu finden, der euch heiratet, dann werdet ihr Hausfrau und könnt all das sagen, was euch in den Sinn kommt."

„Ach was, vielleicht sagen wir jetzt weniger Dummheiten als ihr!"

„Die geben so an, weil sie das ‚Grand Hotel' lesen!" höhnte Nesto.

„Genau! Der Junge hat recht!" schrie Giuditta. „Er hat mehr Verstand als ihr beiden zusammen!"

Da sprang Milio auf, der Wein hatte seine porzellanweiße Haut gerötet, und er rollte die blauen Augen.

„Was redet ihr nur!" rief er und lief an den Herd, faßte ein Mädchen unter dem Kinn und zwang sie, sich umzudrehen und sich allen zu zeigen. „Was redet ihr nur!" wiederholte er. „Ihr seid alt, Tante, und zieht den Verstand in den Vordergrund. Aber was sollen die beiden mit ihrem Verstand anfangen, wenn sie solche Gesichter zum Abküssen haben?"

Das Mädchen riß sich los und drohte ihm mit dem Besen, der an den Herd gelehnt war.

„Laß meine Tochter in Ruhe, verd ...", schrie die Alte empört.

„Verdammt noch mal!" ergänzte Nesto.

„Hör dir den an", sagte die alte Anuta, „ganz wie sein Vetter!"

Der ungeratene Vetter nahm derweil den Besen, mit dem er bedroht worden war, und warf ihn durch die ganze Küche Eligio in die Arme. „Da, sing!" forderte er ihn auf. Eligio fing den Besen im Fluge, setzte sich auf einen Stuhl, hielt den Besen wie eine Gitarre im Arm und sang sein Trinklied: „Día bredar, then darling squear, bredar, iù nou mai ert, tuinghling then ..."

Er war bleich wie ein Toter, mit der weißen Haut unter dem blonden Haarschopf, der ihm wie ein Tuchfetzen in die Stirn fiel, und mit den rötlichen Augenringen. Seit seiner Rückkehr aus Jugoslawien ging es ihm noch immer nicht besser.

„Geh, zapf noch ein bißchen Wein!" befahl Erminio seinem Neffen Nesto, der sofort aufsprang.

„Ach, macht euch unsertwegen keine Umstände", sagte Nini, während sich ringsum alle über das Lied amüsierten, das Eligio mit Besenbegleitung zum besten gab.

„Sparsam ist man, aber nur, um ein Glas Wein zu haben", rief Anuta, und um so gebildet wie möglich zu wirken, gebrauchte sie die Wörter behutsam, als wären es Sprengkörper. Als die anderen sie aber so steif reden hörten, konnten sie vor Lachen nicht an sich halten.

„Blöde Weiber!" knurrte die Alte verschämt, doch dann mußte sie auch lachen. Die Männer tranken, die

Frauen taten wider Willen, als wollten sie nicht mehr trinken.

„Ihr stellt euch nur so an, weil ihr euch von der besten Seite zeigen wollt", sagte der sanfte Francesco mit seinem jämmerlichen zahnlosen Mund.

„Aber wenn wir nicht da sind, gehen sie in den Keller und süffeln heimlich!" fügte Erminio Faedis mit seiner unangenehmen Stimme hinzu.

„Arme alte Männer!" sagten die Frauen mit komischem Bedauern. Die beiden Männer schienen den Gästen weniger Aufmerksamkeit zu widmen als die Frauen, aber man sah, daß Erminio in Wirklichkeit die ganze Zeit an nichts anderes als daran gedacht hatte. Er wandte sich nämlich, die Pfeife anzündend, Nini zu und sagte: „Vielköpfigen Familien geht es nie gut, einer schreit, einer heult, einer widerspricht ... ein ... ein ..." Er suchte nach dem geeigneten Ausdruck, dem passenden Vergleich, aber obwohl er besser als die Frauen zu reden wußte, hatte ihn seine Sicherheit verlassen.

„Ein richtiges Freudenhaus", ergänzte Milio hinter dem Herd hervor.

Die Mädchen kreischten. „Der schämt sich nicht einmal!"

Die Gufa, die vom vielen Reden und Erklären ziemlich außer Atem war, sang, um alles zu überbrücken:

„Immer heiter
kann man nicht sein,
und noch weniger
melanchoooolisch ..."

Milio erkundigte sich unbeirrt bei dem Alten: „War es das, was Ihr sagen wolltet?"

Der Alte brummelte etwas, zog ein paarmal an der Pfeife, nachdem es ihm endlich gelungen war, sie in Brand zu setzen, warf den Zweig, mit dem er sie angezündet hatte, wieder ins Feuer und fuhr fort: „Hier sind wir sechzehn, und jeder will sein Recht. Der eine braucht ein Kleidungsstück, der andere Spritzen, der eine dies, der andere das – und wehe uns armen Leuten, wenn wir nicht an alles denken, wenn wir die Augen nicht überall haben ..." Er machte eine unbeholfene Geste und beugte sich vor, wobei er die Hände um die Pfeife krampfte und die Augen weit aufriß. Beinahe wäre er vornüber zu Boden gefallen. „Die großen Familien", sagte er in vertraulichem Ton zu den Gästen, „sollten sich auflösen. Jeder auf eigene Rechnung. Aber wie soll man das anfangen? Seht her! Zwei Mädchen, die noch nicht flügge sind ..."

„Ach, du lieber Gott!" schrien die Mädchen und warfen die Arme hoch.

„Eine Herde von Kälbern, die noch nicht mal mit der Volksschule fertig sind ... Und Nesto ist noch Lehrling ... Und wer arbeitet dann auf dem Feld? Notgedrungen müssen wir alle zusammenbleiben!"

Nini hatte bisher geschwiegen. Eine Locke hing ihm in das vom Weingenuß blasse Gesicht. Nun sagte er: „Wie könnt Ihr wagen, Euch zu beklagen, bei all dem Land, das Ihr habt!"

Während Nini sprach, öffnete sich sacht die Tür, und wie eine Erscheinung trat Cecilia herein. Sie blieb stehen und sah ihn an.

Keiner, am wenigsten Nini, bemerkte sie, weil alle in das Gespräch vertieft waren.

„Jawohl! Sieh her", entgegnete der Alte, „wie viele Mäuler satt zu machen sind!"

„Wo das Nötige vorhanden ist, da geht es noch,

schlimm ist's erst, wo es am Notwendigen fehlt", behauptete Nini.

„Das sage ich nicht", brummte der Alte. „Wenn man dem Himmel dankt, so wird es an Brot nicht fehlen ..."

„Und der Wein!" warf Milio ein.

„Und die Schuhe für die Mädchen!" fügte Nesto hinzu.

„Hört sie euch an, die beiden Teufelsvettern!" meinte die alte Anuta.

„Gut gesagt", stimmte ihr das Familienoberhaupt zu.

„Unwissend und unrein wurden wir geboren, und so werden wir auch sterben", wiederholte Anuta.

„Ihr beklagt Euch", nahm Nini den Faden wieder auf, „was soll ich denn sagen? Ich bin nur ein armer Landarbeiter und habe nicht einen Quadratmeter eigenes Land. Das ganze Jahr hindurch arbeite ich. Und das Ergebnis? Nie einen Soldo in der Tasche."

„Wir sind geboren, um zu arbeiten und Opfer zu bringen. Es ist zwecklos, sich so viele Gedanken zu machen." Gegenüber Nini war der Alte ziemlich schroff, und als er weitersprach, wandte er sich mehr an Eligio.

„Sieh mal", sagte er fast betont, „wenn in dieser Familie nicht etwas Glaube wäre, der uns zusammenhält, der uns lehrt, unsere Pflichten zu begreifen und uns abzufinden ..."

„Abfinden? Womit?" unterbrach ihn Nini. Seine Augen glänzten, und mit dem roten Halstuch sah er aus wie ein Bandit.

Cecilia beobachtete ihn von ihrem Winkel aus, und beinahe wäre sie unter ihrem dicken Zopf in Tränen ausgebrochen, weil sie fürchtete, daß zwischen Nini und ihrem alten Onkel ein häßlicher Streit entbrennen könnte.

„Abfinden!" wiederholte Nini dumpf. „Euch fehlt es

kaum an etwas. Scheune und Vorratskeller sind gefüllt, mit Euren fünfhundert Hektoliter Wein könntet Ihr Euch allesamt jedes Jahr zum Fest einen Anzug kaufen und darüber hinaus etwas auf die hohe Kante legen ... Da verstehe ich auch, daß Ihr kirchlich gesinnt seid und Euch aufregt, wenn jemandem, wie vorhin Anuta, ein Fluch entschlüpft!" Er sagte es scherzend, gewiß, aber auch mit ein wenig gezwungener Aufrichtigkeit und mit verhaltener Wut im Blick. „Zwangsläufig haltet Ihr es mit den Priestern", schloß er.

Um von diesem Thema abzulenken, stimmte die Gufa auf ihrem Platz am Herd von neuem aus voller Kehle und mit allen Kräften – und sie hatte eine ganze Menge – ohrenbetäubend an:

„Immer heiter
kann man nicht sein,
und noch weniger
melanchoooolisch ..."

Eligio griff wieder zum Besen und sang – diesmal stehend, die langen Beine fest auf den Fliesen – einen Boogie-Woogie: „Then, then, blin, fadar fadar, bounding ..."

Milio packte die Gufa an den Hüften und nötigte sie zu tanzen, wobei er sie wie einen Kreisel drehte, obwohl sie sich wild schreiend wehrte. Alle lachten wie zuvor, in ihren Gesichtern brannte die Freude. Sie rissen den Mund weit auf, bogen sich in den Hüften, die Kinder mehr als die Großen, weil sie deren gute Stimmung nutzten, und die Großen mehr als die Kinder, weil sie den Augenblick genossen, da die Gedanken und die Sorgen sie in Ruhe ließen.

Auch die beiden, die zuletzt hinzugekommen waren

– Cecilia und Ilde, diese scheuen Wesen –, lachten zaghaft mit. Cecilia hatte fast Tränen in den Lammaugen, doch sie lachte, lachte mit den anderen, lachte und lachte.

Dann gingen die drei Burschen. Das bißchen Sonne, das sich gegen Mittag durch die Wolken gedrängt hatte, war wieder verschwunden, ringsum war alles düster. Aber nicht in den Herzen der Jungen. Singend radelten sie, so schnell sie konnten, nach Gruaro.

Dort war alles voll Menschen, die zum Kampf gerüstet waren – nie zuvor hatte man so viel junges Volk beisammen gesehen. Es war wie drei oder vier Jahre zuvor, als alle Partisanen von den Bergen herabgestiegen waren.

Die Menge sammelte sich auf dem Platz vor dem Herrenhaus der Grafen Spilimbergo. Die waren aus anderem Holz geschnitzt als Pitotti oder Malacart – sie waren eher ein harter Knochen. Niemand war zu Hause. Diese Leute wohnten meist in Rom. Anfangs waren Leon und die anderen Führer geduldig. Sie telefonierten mit den Verwaltern, hierhin und dorthin; schließlich gaben sie ihren Männern den Weg frei. Im Handumdrehen wurde das Gittertor eingedrückt und die Villa besetzt, die ein wahres Fürstenschloß war.

Nini, Milio, Eligio, Jacu, die Kleinsten, ließen sich in den Plüschsesseln nieder. Dann drangen sie befriedigt in die Vorratskeller ein, wo es Wein und Würste gab. Sie schleppten so viele Säcke mit Zucker und Mehl fort, daß ihre alten Mütter in Ligugnana und Rosa sie dafür segneten.

Doch als es am schönsten war, trafen aus Pordenone Polizeiabteilungen mit einem Panzerauto ein. Die Jungen der Avantgarden in der Villa waren nun nicht mehr

Belagerer, sondern Belagerte. Aber an diesem Tage war gegen die Kraft des Volkes nichts auszurichten. Als das Panzerauto, in dem Polizisten mit schußbereiter Waffe saßen, die Umfassungsmauern rammte und in den Vorgarten eindrang, da warfen sich ein, zwei, drei, dann hundert Frauen zu Boden, in den Schlamm, im strömenden Regen, blieben dort liegen – wer konnte sie wegschaffen? – und schrien den Polizisten zu: „Fahrt doch zu, fahrt zu, wenn ihr Mut habt, ihr Hundesöhne!"

So mußten die Polizisten schleunigst dorthin zurückkehren, woher sie gekommen waren, und gegen Abend rief der Verwalter der Spilimbergo an und teilte mit, er nehme die Bedingungen der Demonstranten an.

Nini und die anderen waren im Keller der Villa, als die Nachricht eintraf: „Der Verwalter in Codroipo hat die Bedingungen angenommen, die die anderen Grundbesitzer bereits akzeptiert haben!" Jacu war völlig blau. Er warf die Wurstschlangen, die er zusammengerafft hatte, hoch und spielte mit leeren Flaschen Fußball. „Raus, Freunde, wir haben gesiegt!" schrie Susanna.

Draußen war es jetzt dunkel, hinter den Torbögen sah man die Schatten der besiegten Polizisten und Soldaten. Ein großer Teil der Menge war bereits aus dem Garten auf den Platz gestürmt und jubelte, schrie und sang. Hier und da flammte hinter den Fenstern Licht auf, nicht hier am Platz, sondern in der Umgebung, in den Stadtteilen hinter dem Graben. Alle schrien durcheinander und beglückwünschten sich.

Zusammen mit den anderen aus San Giovanni saß Onorino noch immer mit seiner Fahne auf dem Fahrrad, unter ihm glänzte feucht der Schlamm. „Morgen ist San Giovanni an der Reihe", sagte Nini, als er sich von Eligio und dessen Begleitern verabschiedete.

„Morgen", rief Jacu grimmig, „werden wir es den Herren zeigen!"

„Dann bis morgen", sagte Nini.

„Fahr schon los, Infant!" riefen ihm seine Freunde zu und brachen nach Ligugnana auf.

„Bis morgen!" rief Eligio ihnen nach. Dann radelte jeder seinem Zuhause zu, leichten Herzens wegen des schönen Sieges.

8 Ein trauriger, düsterer Morgen stieg über San Giovanni auf; über dem Schlamm und den Pfützen vom Vortag, die die Stunden des Schlafs überdauert hatten, brannte lichtlos der Himmel, von niedrigen weißen Wolken verhängt, die so unbewegt waren wie der Schlamm und die Pfützen und gegen deren Helle sich dunkel und regennaß die verräucherten Mauern, die Telefonmasten und die Dächer von San Giovanni abhoben. Die Stille wurde noch lastender durch die Hahnenschreie, die spärlich von den Höfen in Braida und Romans herüberschallten. Obwohl sonst mit dem Morgenläuten, das über dem noch finsteren und kaum von der ersten Mortenröte getönten Ort erklang, das Leben begann, schien an diesem Morgen die Zusammenballung der Nacht noch auf den Gehöften zu liegen, auch wenn es schon fast heller Tag war. An der Hauptstraße von San Giovanni, die in ein noch gedämpftes Morgenlicht getaucht war, blieben Fensterläden und Haustüren geschlossen. In den Ortsteilen am Rande der Felder hatten die Frauen gleich nach der Rückkehr vom Frühgottesdienst das Federvieh gefüttert oder Feuer gemacht und verrichteten jetzt stumm und in Eile ihre täglichen Arbeiten, wie sonst nur bei traurigen Anlässen, bei einem

Todesfall oder einem anderen Familienunglück. Vor dem „Enal“ warteten schweigend Kommunisten, Landarbeiter und Arbeitslose auf die Leute aus den Nachbarorten; sie zitterten fast in der eisigen Morgenluft.

Erst gegen acht trafen die Gruppen aus Ligugnana mit dem Fahrrad ein, aber es waren nicht mehr als zweihundert. Sie brachten die Räder in den Hof des „Enal“. Durch sie wurde San Giovanni ein wenig aufgerüttelt; da sie nicht in ihrem Dorf waren, schrien und sangen sie ohne Hemmungen.

„Zu Mittag ist in San Giovanni alles vorüber“, sagte Nini zu Eligio.

„Da kennt ihr Malacart schlecht“, antwortete Eligio, „das ist ein gemeiner Kerl.“

Sie traten ins „Enal“ ein, wo noch vom Vortag alles in Unordnung war: Weinlachen und Schlammspuren, und an der Bank lehnte die Fahne. Jacu saß dort, noch trunken vom Abend, die Ellbogen auf den Tisch gestützt, vor einem Glas Schnaps. Sein Gesicht war eingefallen wie bei einem Schwindsüchtigen, und die blicklosen Augen waren in einem drohenden Ausdruck erstarrt. Susanna und die anderen umringten ihn; sie waren besorgt, weil aus den Nachbardörfern – abgesehen von Ligugnana – keiner gekommen war, und die aus Ligugnana waren nicht einmal halb so viele wie verabredet.

„Heute geht es schlecht aus“, unkte Susanna.

„Schlecht?“ rief Jacu. „Für wen?“ Er lachte höhnisch.

„Keine Angst, Meister“, sagte Nini zu Susanna, der Zimmermann war, „das laßt nur unsere Sorge sein!“

„Was meint ihr“, fragte Susanna, „ist die Polizei nach Pordenone, nach Padua oder nach Mestre zurückgekehrt?“

„Soll sie sein, wo sie will“, sagte Nini und zog die Schultern hoch. „Das ist uns ganz gleich.“

„Gestern“, sagte Jacu, „haben die Frauen von Gruaro es auf sich genommen. Aber wenn sie heute kommen, müssen wir es tun.“

Von der Straße nach Prodolone hörte man Gesang. „Da sind sie!“ sagte Susanna und ging zur Tür. Draußen schien es mit Tagesanbruch noch finsterer zu werden; der Gesang hatte ein mißtönendes, entmutigendes Echo. Kurz darauf bogen die Demonstranten aus Prodolone, Savorgnano, dem Cannedo und anderen Orten um die Ecke.

„Sind alle da?“ fragte Susanna. Er sah, daß auch sie nicht zahlreicher waren als die aus Ligugnana. Aber die Stimmung war gut. Bevor sie die Räder abstellten, wollten sie vor dem „Enal“ die „Internationale“ singen.

„In San Giovanni schlafen noch alle!“ sagte ein junger Bursche aus dem Cannedo.

„Jawohl, sie schlafen“, erwiderte Eligio, „wollte Gott, sie könnten es.“

Die Angekommenen brachten Unruhe ins Dorf. Schwatzend und rufend stellten sie hinter dem „Enal“ ihre Fahrräder unter. „Nun fehlen bloß noch die aus Gruaro“, sagte Susanna, „aber die sind bequem, es sind keine Bauern.“

„Heute feiern doch auch die Bauern aus San Giovanni“, spöttelte einer aus Ligugnana.

„Die haben sich alle zu Hause eingeschlossen“, entgegnete ein anderer.

„Und wir, woher sind wir?“ fragte Onorino.

„Wir reden von den Herren“, sagte der aus Ligugnana, „und von den Schuften, die es mit ihnen halten.“

Kurze Zeit später trafen die aus Gruaro ein. Sie teilten sich in drei Kolonnen und zerstreuten sich im ganzen Dorf.

Die Villa der Malacart lag etwa auf halbem Weg zwischen dem „Enal“ und dem Dorfplatz, in der Nähe der Schule, in einem Garten, von einer hohen Mauer umgeben. An dieser Mauer begann der Kirchplatz mit der Genossenschaft, und dicht daneben stand das Gemeindehaus mit den Bogengängen. Auf dem Platz und in der Dorfmitte war ungewohntes, verschlossenes Schweigen, bis sich die Demonstranten vom „Enal“ aus in Bewegung setzten und singend, mit roten Tüchern um den Hals, in unregelmäßiger Reihe vor die Kirche zogen. Das Tageslicht wurde immer trüber, es war, als würde es jeden Augenblick wieder zu regnen anfangen.

Im Dorf herrschte eine Atmosphäre der Geruhsamkeit, ja beinahe der inneren Einkehr, in der die Schritte, die Stimmen und die Lieder der demonstrierenden Arbeiter unterzugehen, nebensächlich zu werden schienen. Es war, als vermöchte nichts den gewohnten Frieden in San Giovanni zu stören.

Aber knapp eine Viertelstunde später drangen von der Malacartschen Villa Schreie und Pfiffe herüber. Wie am Vortage in Gruaro gingen die Arbeiter daran, das Haus zu besetzen. Sie drängten sich auf der Straße zwischen Schule und Dorfplatz. Auch hier war das Tor, das in den kahlen, nassen Garten führte, geschlossen, und die Villa im Hintergrund schien unbewohnt. Die Arbeiter schlugen gegen das Gitter und warfen Steine über die Mauer in den Garten. Einige Steine landeten sogar an der Hausfront, prallten gegen die Tür, die Fenster oder auf die Blechplatten des Daches, aber das Haus blieb still und verschlossen. Die Demonstranten auf der Straße schrien und pfiffen, und dann bearbeiteten sie das Torschloß mit einer Brechstange. Auf diese kräftigeren und entschiedeneren Schläge hin wurde ein

Fensterladen aufgestoßen, und der Kopf eines Mannes erschien, dessen Gesicht so rot war wie sein Haarschopf.

„Was wollt ihr?“ brüllte er.

„Wir wollen mit Euch sprechen.“

„Sprechen?“ brüllte der wieder. „Worüber?“

„Macht auf“, schrien sie von der Straße, „sonst sprengen wir das Tor und kommen alle in Euer Haus.“

„Verbrecher!“ fauchte der Rothaarige und riß den Fensterladen wieder zu.

Die Arbeiter versuchten, den Türflügel aus den Angeln zu heben. Gleich darauf tauchte Malacart in der Tür auf mit einer Doppelflinte in der Hand. „Laßt hören, was ihr zu sagen habt“, rief er. „Aber nur einer soll kommen.“

Aus der halbgeöffneten Tür hinter ihm trat die alte Haushälterin heraus, kam humpelnd über den Hof und öffnete das Tor.

„Wenn mehr als einer reinkommt, schieße ich“, rief Malacart.

Die Demonstranten diskutierten einige Minuten miteinander, dann ging Susanna mit der Alten auf die Tür zu. Er blieb länger als eine halbe Stunde im Haus. Inzwischen fing es von neuem an zu regnen. Die Demonstranten drückten sich in langer Reihe an die Mauern, stellten sich unter das vorspringende Dach und in die Toreingänge. Manche liefen sogar in den Bogengang und in das Kirchenportal, fast zweihundert Meter von der Villa entfernt. Der Regen prasselte auf Schlamm und Pfützen. Endlich kam Susanna wieder. Er schob die Mütze aus dem Gesicht, das glühendrot war, als hätte er getrunken, steckte die Hände in die Hosentaschen und näherte sich lachend.

„Gar nichts!“ sagte er.

Alle umringten ihn. „Wie ist es ausgegangen?“ wurde von hinten gerufen.

„Nichts, nichts, er will nicht“, antworteten die anderen wütend, empört und mutlos zugleich. In wenigen Augenblicken waren wieder fast alle am Gittertor versammelt.

„Los, hinein!“ rief Blasut.

„Los, hinein, er ist selbst schuld“, sagte Susanna.

Sie drangen einige Schritt weit in den Garten ein, um ihn zu besetzen. Da wurde ein Fensterladen im Erdgeschoß aufgestoßen, und der Doppellauf einer Flinte schob sich heraus.

„Nehmt euch in acht, ich schieße!“ rief Malacart von drinnen.

Vor dem Gittertor stoben sie in alle Richtungen auseinander, flüchteten hinter die Mauer und bewarfen dann die Villa wahllos mit Steinen. Dumpf schlugen die Steine an die Mauern und auf das Blechdach des Holzschuppens.

Jacu hatte sich mit Eligio und den anderen im Bogengang untergestellt. Nun kam er und fragte Susanna, was geschehen sei.

„Der alte Gauner will nicht nachgeben“, antwortete Susanna.

„So einer wie der würde für hundert Lire die eigene Mutter verkaufen“, schimpfte Eligio.

„In Ligugnana“, sagte Nini, „hätten wir längst die Rechnung beglichen.“

„Was machen wir nun?“ Jacu sah Susanna an.

Susanna zuckte mit den Schultern. „Wir halten ihn vorläufig im Hause fest. Er muß sich entscheiden. Er ist hart, aber wir sind härter.“

Jacu starrte ihn noch immer an. Das Haar klebte ihm vom Regen an der Stirn und über den Augen.

„Das laß meine Sorge sein, verdammt noch mal", schrie Jacu auf einmal und drängte sich zu dem halbgeöffneten Tor durch. Hinter dem Fensterladen drohte noch immer der Gewehrlauf. Susanna folgte Jacu, aber bevor er es verhindern konnte, zog Jacu eine Pistole aus der Tasche und feuerte einen Schuß auf das Fenster ab. Die Doppelflinte antwortete. Wenige Meter über den Köpfen einiger Leute, die unter der Regentraufe standen, schlug das Geschoß in die Mauer ein. Jacu hinter der Säule der Toreinfahrt hob den Arm, um noch einmal zu feuern, aber Susanna packte ihn am Ärmel. „Nicht schießen", brüllte er, „es ist genug!"

„Hör auf", schrie Eligio. „Bist du verrückt?"

„Aber verdient hat er's, der Hund!" rief Nini.

„Alle hätten es verdient", sagte Blasut, „aber da müssen wir erst stärker werden."

„Laß mich", fauchte Jacu, bleich, fast zitternd. „Laß mich, zum Teufel! Ich will es diesem Hundesohn zeigen."

„Runter mit der Pistole", fuhr Susanna ihn an. „Sei nicht dumm."

„Ich geh vor", sagte Onorino Pereisson, „ich will mal sehen, ob er den Mut hat zu schießen."

„Nun hör dir den an!" rief Susanna aus. „Weg da, du Kindskopf! Ich will nicht, daß dein Vater mir Vorwürfe macht."

„Mein Vater wird dir gar nichts tun", erwiderte der Junge.

„Er wird mir nichts tun, weil du dich hier nicht wegrühren wirst!" schrie Susanna.

„Laß mich doch. Der bringt es bestimmt nicht fertig, auf mich zu schießen", sagte Onorino.

Livo, der in kurzen Hosen neben Onorino stand, und Chini, einer ihrer Freunde, der auch nicht älter als fünfzehn war, traten vor und sagten: „Wir gehen mit Onorino."

„In Gruaro waren es die Frauen", rief Onorino, „heute sind es wir Jugendlichen!" Mit einem Ruck riß er sich von Susanna los und ging durch das Gittertor auf das Haus zu. Die beiden folgten ihm.

Ein Schuß fiel. Aber Malacart hatte wohl in die Luft geschossen, um ihnen Angst einzujagen.

„Herr, Herr", rief Susanna und steckte den Kopf hervor, „überlegen Sie sich, was Sie tun, es sind Kinder!"

Hinter den Jungen aber, die vorsichtig weitergingen, setzten sich schweigend die Mutigsten in Bewegung.

„Vorsicht!" rief Susanna. „Der hat kein Herz!"

Nach und nach drangen sie in den Garten ein, und als die ersten die Haustür erreichten, da rannte einer von denen herbei, die von Gruaro nach San Floreano gezogen waren, und schrie, auf der Landstraße rücke Polizei an. Und bevor alle den Garten der Malacartschen Villa verlassen hatten, sah man auf der Straße nach Braida zwischen den fensterlosen Steinhäusern das Panzerauto vom Tag zuvor; ihm folgten einige mit Polizisten besetzte Lastwagen. Vor dem „Enal" machte die Kolonne halt, die Polizisten ergriffen ihre Waffen und sprangen einer nach dem anderen von den Wagen in den Straßenschmutz.

Susanna schickte einen Jungen aus, die Leute zu rufen, die nach Casarsa gezogen waren.

„Wir gehen von hier nicht weg", sagte er, „wenn sie losschlagen, dann schlagen auch wir zu!"

Fast jeder hatte einen Knüppel oder eine Sense bei sich, und als sie sich auf der Straßenmitte zusammenscharten, bildeten sie so eine Art Sperre. Langsam rückte der gepanzerte Wagen gegen sie vor.

„Auseinandergehen!" befahl der Hauptmann, der auf

seinem Sitz stand. Niemand antwortete. Zwei-, dreimal wiederholte er den Befehl. Das Panzerauto war nur noch wenige Meter von den Arbeitern entfernt und rollte im Schrittempo, ohne zu stoppen, auf die ersten Demonstranten zu. Sie wichen nach beiden Seiten aus und ließen den Wagen durch. Als aber die Polizisten dem Wagen folgen wollten, versperrten ihnen die Demonstranten den Weg. Die Polizisten drohten mit dem Gummiknüppel, und die Demonstranten hoben Sensen, Knüppel und Fäuste. In diesem Augenblick brachen schreiend und in ungeordneten Scharen die Leute aus dem Ortsteil Braida hervor, die zu dem Gutsbesitzer Tullio in San Floreano gegangen waren und sich, als die Polizei anrückte, auf die Felder und in die Gärten zurückgezogen hatten. Fast gleichzeitig liefen vom Dorfplatz her die anderen herbei, die Susanna hatte rufen lassen. Als die Polizisten sahen, daß plötzlich so viele Menschen von allen Seiten auf sie einstürmten und daß das Panzerauto in der Menge eingeschlossen war, da schlugen sie blindlings los. In wenigen Minuten war auf der Straße nur noch ein Gewirr von Leibern, die in wilden Kampf verstrickt waren.

Die ganze Straße von der Schule bis zum Dorfplatz war in Aufruhr. Keiner wußte, was auf der anderen Seite vorging. Die Arbeiter waren dreihundert, vierhundert Mann, aber auch die Polizisten waren zahlreich. Am erbittertsten wütete der Kampf vor Malacarts Gartentor, und von dort dehnte er sich nach allen Seiten aus.

Die Älteren aber lösten sich allmählich aus dem Gewirr der Kämpfenden, versuchten, den Polizisten auszuweichen, sobald diese über sie herfielen und auf sie einschlugen. Sie sahen sie an wie Kinder, wenn sie von Erwachsenen getadelt werden – mißtrauisch und wütend zugleich. Sie verwandelten ihre Demütigung in eine Art Aufschub auf spätere günstigere Gelegenheiten, in eine unterdrückte Drohung. Einzeln oder in Gruppen entfernten sie sich vom Hauptkampfplatz, leise, damit es unbemerkt bliebe: Einige drückten sich an die Häuserwände, andere drängten sich an den schrägen Mauern der riesigen, fünfzig Jahre zuvor im gotischen Stil erbauten Kirche vorbei in die Gasse, die zwischen Kirche und Bogengang begann und zur Sakristei und dem der Kirche gehörenden Kino führte. Von dort aus beobachteten sie, was auf dem verschlammten Platz geschah. Andere hatten sich dem Ortsteil Romans zugewandt und bereits einige Dutzend Meter vom Platz entfernt.

Die aus San Giovanni, die in der Nähe wohnten, gaben als erste auf und wichen zurück. Die Burschen aus den anderen Dörfern, vor allem die aus Ligugnana, umringten weiter das Panzerauto, rangen gruppenweise in wildem Durcheinander mit den Polizisten und würzten ihre Schläge mit Kraftausdrücken und Schimpfwörtern. Aber sie zogen den kürzeren, denn sie waren sich nicht mehr sicher, was sie taten, sie fühlten sich isoliert, sich selbst überlassen. Viele, die Beulen davontrugen oder sogar bluteten, folgten den Alten aus San Giovanni nach Romans und verschwanden in den Häusern, um ihre Verletzungen mit Wasser zu behandeln.

Plötzlich kamen von Casarsa her vier oder fünf Militärfahrzeuge voll Soldaten die Viale della Rimembranza entlang und machten an der Ecke des Platzes, an der roten Mauer des Kinderheims, halt. Als Susanna, der sich an dem Handgemenge der jungen Leute nicht beteiligt hatte, aber zusammen mit Blasut und einigen anderen Sektionsmitgliedern bei ihnen geblieben war, das Militär erblickte, schob er die Mütze aus der Stirn und sagte zu den anderen: „Los, weg." Und er machte sich auf den Weg nach Romans.

„Los, weg", sagte Susanna immer wieder und drängte sich zwischen die noch immer Kämpfenden.

„Nicht alle in eine Richtung", rief er.

Unversehens verwandelte sich der Rückzug in eine Flucht. Die Jungen sahen sich jetzt den Polizisten und den Soldaten allein gegenüber, die eben von den Fahrzeugen gesprungen waren und sich in den Kampf stürzen wollten. Wild flüchteten alle nach San Floreano oder Romans. Sie rissen aus, genau wie ein, zwei Jahre zuvor, wenn sie dabei erwischt wurden, daß sie auf einem Feld Pfirsiche oder Weintrauben stahlen. Und während sie davonliefen, schrien sie freudig, denn auch eine geglückte Flucht war ein Erfolg über die Polizisten.

Manche rannten nach Romans, stoben rechts und links vom Bahnübergang auseinander und folgten dem Pfad an der Eisenbahnlinie nach Portogruaro oder versteckten sich auf den Höfen.

Andere liefen weiter hinunter, an der Siedlung vorbei bis auf die ersten Felder, wo an den Rainen leere Rebstöcke standen. Ein ganzer Trupp aus Ligugnana zog dort eifrig diskutierend entlang. Einige wären wohl gern weitergegangen, vielleicht sogar in den Wald von Marzìns, um dort den Abend abzuwarten, bis sich alles beruhigt hatte; andere wollten versuchen, in einem der umliegenden Häuser unterzukommen. Es regnete nämlich immer heftiger, sie waren völlig durchnäßt, die Haare klebten ihnen an der Stirn, und von ihren Jacketts tropfte das Wasser. Ninis großes rotes Halstuch war fast violett geworden, so hatte es sich vollgesogen, schwer hing es ihm vor der Brust. Aber er scherte sich nicht darum und dachte nicht daran, seinen Stolz aufzugeben. Nini gehörte zu denen, die dort bleiben und nicht weiter im Regen über die Felder laufen wollten. Bei dem Gedanken an die Polizei zuckte er nur mit den Schultern und schnalzte verächtlich mit der Zunge. „Was sollen sie uns denn tun", sagte er, „die sind auch nicht schlimmer als die Deutschen!"

Da stießen Eligio, Onorino und Livo zu ihnen; sie hatten ihre Jacken schützend über den Kopf gezogen und kamen mit ihrem Vater die aufgeweichte Straße entlang. Beiderseits in den Türen der ärmlichen Häuschen standen die alten Frauen, die Hände in die Hüften gestemmt, und schauten auf die Straße hinaus, während die anderen Leute aufgeregt durcheinanderredeten, schrien und lachten.

„Was wollt ihr dort?" fragte Eligio Nini und die anderen. „Los, weg da!"

„Wo sollen wir denn hin?" sagte Nini.

„Ihr wollt doch nicht ewig hier im Regen stehenbleiben? Kommt zu uns nach Haus, wir warten, bis es aufgehört hat."

„Gut!" sagte Nini.

Zufrieden mit dieser Entscheidung, liefen sie mit großen Schritten in die Gasse zwischen den beiden Häuschen, deren rohe Steinmauern von Rauch und Feuchtigkeit geschwärzt waren, gingen ein Stück an einem Abzugsgraben mit grasbewachsener Böschung entlang, an die sich feldeinwärts eine Reihe von Haselnußsträuchern und rötlichen Korbweiden anschloß, und erreichten bald das Anwesen der Familie Pereisson.

Auf dem Hof war reges Leben. Die Frauen waren im Stall beschäftigt, Männer und Burschen, die von der Kundgebung zurückgekehrt waren, hielten sich in den Säulengängen und unter den Dachtraufen auf.

„Kommt herein", forderte Eligio sie auf. In der Küche, in der sie alle kaum Platz fanden, standen sie verlegen herum zwischen den wackligen Stühlen, dem langen, wurmstichigen Tisch und der Anrichte, an deren Scheiben Fotografien geklemmt waren. Es war dunkel, der Herd war erloschen und gereinigt.

„Ich kann euch nicht einmal sagen: Macht's euch bequem", entschuldigte sich Eligios Mutter. Ihr faltiges Gesicht unter dem schwarzen Kopftuch rötete sich ein wenig. „Ihr seid so viele . . ."

„Wir sind eine ganze Mannschaft!" stellte Nini vergnügt fest.

Eine Weile warteten sie in der finsteren Küche aufgeregt auf Nachrichten aus dem Dorf. Die brachten natürlich nichts Neues – jeder, der von dort kam, erklärte, der Platz sei noch voll Polizisten und die Demonstranten hätten sich zerstreut. Es war also angebracht, den Abend abzuwarten und sich dann davonzumachen. Die Jungen waren gespannt und erregt, alle Augenblicke liefen sie an die Tür, diskutierten heftig miteinander und lachten. Als aber die Zeit verstrich und sich nichts weiter ereignete, wurden sie ruhiger.

„Warum gehen wir nicht in den Stall?" meinte Eligio. „Da haben wir es bequem und sitzen im Warmen."

„Zieht die Jacken aus", sagte Eligios Mutter, „ich kann inzwischen mit Alba Feuer machen und sie trocknen."

Ein wenig geniert und zugleich belustigt legten sie die leichten Jacken ab. In Hemdsärmeln traten sie auf den Hof hinaus und huschten in den Stall hinüber. Der Stall war klein, denn die Pereisson besaßen wenig: Zwei Kühe standen an der Krippe, und in einer Ecke, in einem Verschlag, war ein Kälbchen. Die Jungen ließen sich auf Bänke oder sauberes Stroh nieder. Vier von ihnen setzten sich nach einiger Zeit zusammen und spielten Mora, erst aus Spaß, später aber, als sie ein wenig in Schwung waren, eine richtige Partie. Eligio erhob sich.

„Ich hole ein bißchen Wein", sagte er. Bald darauf kehrte er mit einer Flasche selbstgekelterten Rotweins und einem Spiel Karten, das er beim Nachbarn ausgeliehen hatte, zurück. Der Anblick der Flasche und der Karten ließ die Herzen der Jungen höher schlagen. Vergnügt bereiteten sie sich in dem feuchtwarmen, halbdunklen Stall mit Pflastersteinen als Sitzgelegenheiten und einem Schemel als Spieltisch auf eine schöne Partie vor. Die Herausforderungen, die die Gegenspieler einander zuriefen, drückten die ganze Freude und die schlecht verhehlte Zufriedenheit der Jungen aus. Alle im Stall spielten, die einen Mora, die anderen Karten, so begeistert wie sonst nur an Winterabenden. Die Zeit verging sogar zu rasch. Allein Onorino spielte nicht mit, er kiebitzte, niedergekauert, das englische Hemd vorn offen, die Hose kurz nach Bauernart.

Schließlich war es Zeit, die Kühe zu füttern. Onorino half Eligio bei der Arbeit, während die anderen, die weiterspielten, sie hin und wieder neckten und frotzelten. Eligio blieb ihnen nichts schuldig. Onorino dagegen schmunzelte nur und bekam ganz lustige Augen. Als sie die Arbeit beendet, den Mist weggeschaufelt und frisches Futter in die Tröge gestreut hatten, kehrte Eligio nicht auf seinen Platz am Spieltisch zurück, sondern streckte sich auf einem Haufen Heu aus. Er fühlte sich nicht wohl, vielleicht war der Tag zu anstrengend gewesen, und dann der Regen, die Nässe ... Seine sonst so fröhlichen Augen wurden ganz klein, und seine straffe Haut war auf einmal wie bei einem Greis. Doch Eligio ließ sich nicht unterkriegen. Er lachte über das bißchen Fieber, das er hatte. Er schickte Onorino hinaus, nachzusehen, wie die Dinge draußen standen.

Es regnete nicht mehr. Über den Bergen, die sich ungefähr fünfzig Kilometer von San Giovanni entfernt am

Horizont abzeichneten, war der Himmel sogar schon klar. Gegen diesen so heiteren Hintergrund, der bereits vom Frieden der Nacht bestimmt schien, hoben sich Stallungen und Häuser mit ihrem Dunkelbraun finster, rauchig und nässetriefend ab. Ringsum in den Gärten und auf den Feldern verharrten die Pflanzen in hoffnungsloser Reglosigkeit.

Onorino rannte in Richtung Romans davon, sprang leichtfüßig über die Pfützen auf der Straße. Überall duftete es nach gerösteter Polenta und nach dem feuchten Reisig, das in den Herden brannte, und in der Luft war ein Summen wie stets zur Abendbrotszeit.

Und wie an jedem Abend waren Leute auf der Straße. Je näher Onorino dem Dorfplatz kam, um so weniger wurden es. Doch auch auf dem Platz war das Schlimmste vorüber. Die Leute machten wieder Besorgungen, und mehrere Mädchen brachten auf dem Fahrrad die Milch in die Molkerei, und die Milchkannen schepperten heiter an den Lenkstangen. Das „Enal" im Ortsteil Braida war geschlossen. Vor der Einfahrt in den Hof, in dem die Fahrräder der Demonstranten alle auf einem Haufen lagen, hielten sich einige Polizisten auf, und vor ihnen standen ein paar Bürschlein und starrten sie neugierig an. Doch auf dem Hof waren weniger Fahrräder als zuvor. Eine Mauer war sogar schon völlig frei. Also waren bereits viele nach Hause gefahren.

Onorino kehrte im Laufschritt nach Romans zurück. Er brachte gute Nachricht mit und wollte sie so rasch wie möglich loswerden. Die anderen saßen noch immer in Hemdsärmeln im Stall und waren in ihr Spiel vertieft. Ihre Augen glänzten von dem Wein, den sie aus einem kleinen Becher der Pereisson getrunken hatten.

„Alles ist ruhig", berichtete Onorino, als er eingetreten war, und sein hübsches, offenes Jungengesicht strahlte vor Begeisterung. „Die Polizisten sagen keinen Ton mehr."

Die anderen hörten zu spielen auf – vielleicht ein wenig mit Bedauern –, aber Onorinos Optimismus schienen sie nicht zu teilen. Besorgt und mißtrauisch fragten sie ihn aus. Und Onorino, der wußte, wie wichtig er als Überbringer der guten Nachrichten war, beantwortete alle Fragen. Nun war alles vorüber, alles war wieder wie sonst.

„Also, auf geht's", sagte Nini wie immer als erster. „Wir können nicht bis morgen früh hier bleiben ... Außerdem", fügte er hinzu, „was können sie uns schon tun? Selbst wenn sie uns festnehmen, jetzt ..."

Ihre leichten, mit Flicken ausgebesserten Jacken waren auf den Stuhllehnen am Herd getrocknet. Lärmend zogen die Jungen aus Ligugnana sie wieder an. Eligios und Onorinos Mutter sahen ihnen zu, die Hände auf der Schürze gefaltet, und Alba und die anderen Mädchen standen mit rotem Kopf in einem Winkel der Küche.

„Auf Wiedersehen, Frau Pereisson, und schönen Dank!" sagten die Jungen an der Tür. „Tschüs, Eligio."

„Tschüs, Jungs, macht's gut", antwortete Eligio, fieberglühend, aber lachend, die Hände in den Hosentaschen.

„Tschüs", riefen die anderen noch einmal und blickten sich um, als sie den Hof überquerten.

„Tschüs", sagte Eligio. „Alles Gute!"

Es war bereits später Abend, und dort, wo der Himmel aufgeklart war, blinkte hier und da ein Stern.

Braida war stets öder als das übrige Dorf: Wie Mauern waren die langen Reihen trübseliger Steinhäuser, die Haustüren waren verschlossen, die Fenster dunkel.

Vorsichtig und schweigend näherten sich die Jungen dem „Enal", auf dem Sprung, wegzulaufen, falls die

Dinge eine böse Wendung nehmen sollten. Im Gänsemarsch zogen sie den schmalen Gehsteig entlang, an den wurmstichigen Haustoren und den finsteren Stallfenstern vorbei. Die Tür des „Enal“ war offen, und ein Rechteck gelben Lichts schwamm traurig auf dem Morast. Die Burschen schlichen sich an die Tür. In der Gaststube erblickten sie zwischen den Stühlen, die auf dem nassen Fußboden durcheinandergeschoben waren, einige Polizisten, die Weißwein tranken. Auch die Polizisten sahen sie, ließen sich aber nicht stören.

Erleichtert liefen Nini und die anderen auf den Hof, wo nur noch ihre Fahrräder lagen. In aller Eile hoben sie sie auf, ehe die da drinnen es sich anders überlegten, schoben sie auf die Straße hinaus, stiegen schweigend auf und fuhren langsam nach Braida.

In diesem Augenblick begannen die Glocken zum Abendgottesdienst zu läuten, und sie dröhnten in der tiefen Stille besonders laut. Aber es war jetzt die Stille, die an jedem Abend in San Giovanni, Casarsa, San Floreano, Gruaro und all den anderen Dörfern ringsum herrschte. Zwischen jedem Glockenschlag hörte man von fern andere Glocken, ähnlich diesen, aber seltsam kläglich, unwirklich, fast zauberisch, als entspränge ihr fernes Stammeln dem Schoße anderer, vergangener Jahrhunderte.

Als die Jungen an der Kirche vorbeikamen, deren Tor halb offenstand, drang mit dem flackernden, rötlichen Lichtschein deutlich der Gesang der Frauen an ihr Ohr:

„Vom Lebensbrot des Himmels,
vom großen Sakrament . . .“

Und über ihnen der Glockenklang schwoll an, so daß die armseligen Mauern von San Giovanni erzitterten.

Schneller radelten die Jungen an den letzten Häusern des Ortes vorbei, die verstreut zwischen den Weingärten und den Maisfeldern an der Straße nach Gruaro lagen. Und da sie nicht als besiegt gelten wollten, sangen sie aus voller Kehle, und durch das Schweigen der starren, grünlichen Felder hallte das Lied von der roten Fahne.

Zweiter Teil

1949

1 Eines Sonntagnachmittags waren die Faedistöchter zum Vespergottesdienst nach Rosa vorausgegangen, und nur Cecilia und Ilde, die Kleinste, waren noch zu Hause, denn trotz aller Mahnungen wurden sie nicht fertig, sich zu putzen. Cecilia trug an diesem Sonntag zum erstenmal ihr neues Kleid; deshalb war sie ganz aufgeregt.

Einige Mädchen aus einem kleinen Gehöft, das noch einsamer als das Anwesen der Faedis in den Feldern lag, holten sie ab. Diese Mädchen waren vorurteilslos und vergnügungssüchtig, sie gingen nicht zum Gottesdienst, sondern zum Tanz.

Das Haus der Faedis war ein Steinhaus. Durch ein großes Tor gelangte man auf den Hof, auf dem seit Jahren unbenutzte Gerätschaften, Räder, Hackenstiele und Pflugschare verstaubten und im Regen vermoderten. Aber sonntags blitzte alles wie neu in der noch kräftigen Oktobersonne, kein Strohhalm, kein Zweig lag da herum. Die Jungen und die Männer waren ausgegangen, und das Licht staute sich ruhig zwischen den Bäumen im Garten, die schon fast kahl waren, aber noch von Vögeln bevölkert.

Cecilia und ihre jüngere Schwester schliefen in einer

Kammer im Erdgeschoß zwischen der Küche und dem großen Zimmer. Sie hatte nur ein einziges Fensterchen, das auf die Berge hinausging und im feuchten Schatten eines Grabens lag. Der Fußweg führte dicht an dieser morastigen Stelle vorbei.

„Cecilia, Cecilia!" riefen von dort die Mädchen. Mit der einen Hand das aufgelöste Haar haltend, in der anderen den Kamm, so trat Cecilia auf die kleine Galerie hinaus.

„Ist ja noch Zeit, Kinder", rief sie, „kommt doch rein!"

Die Mädchen gingen um das Haus herum und traten in die Kammer ein.

„So weit bist du erst?" fragten sie unwillig.

„Ja, es ist zwecklos, es will einfach nicht", sagte Cecilia, aber sie lachte beinahe.

„Dann schlag es tot!" riet Ines.

Cecilia hielt Haarnadeln zwischen den Lippen, flocht sich Zöpfe und legte sie um ihr Lammköpfchen. Endlich war sie fertig und nahm das neue Kleid von der Kommode. Es war leuchtend rot, so daß es fast blendete. Um so größer war die Bewunderung der beiden Freundinnen.

„Das müssen wir begießen!" riefen sie, während sie Cecilia in das Kleid halfen. Und wirklich, kaum war Cecilia angezogen, da liefen sie in das Wohnzimmer hinüber, so närrisch kichernd, daß die Frauen, die sie hörten, etwas vor sich hin brummten, was aber keineswegs unfreundlich klang. Cecilia nahm einen Gummischlauch, steckte ihn in ein Faß und saugte an, bis der dunkle Wein hervorsprudelte. Sie tranken jede fast ein Glas voll und verließen dann lachend das Zimmer.

„Beeil dich!" rief Giuditta, Cecilias Mutter. „Sie läuten schon zum Gottesdienst!"

Von Rosa her, knapp einen Kilometer entfernt, drangen Glockentöne. Rein hallten die Schläge über das Land.

Es war kurz vor vier, auf der langen Dorfstraße von Rosa war bereits lebhaftes Treiben. Burschen sausten auf Fahrrädern an ihnen vorbei, andere standen vor den Gasthäusern. Sie kamen von Casarsa, Valvasone, San Lorenzo und noch weiter her. Einige warteten auf dem Dorfplatz, rittlings auf den Sätteln ihrer Räder, denn die Jungen von der Aufbewahrung wurden nicht fertig.

„Wer weiß, ob er kommt", sagten die Mädchen.

„Wer denn?" fragte Ilde.

„Na, der aus Ligugnana!" antwortete Ines und lachte.

Cecilia wurde rot und tat, als hörte sie nicht.

Der Kinosaal, in dem an Feiertagen Tanz war, lag am Dorfeingang, dort, wo die Straße eine leichte Biegung machte, so daß man den grünen Hügelrücken fast ganz überblicken konnte, auf dem in der schon umschleierten Sonne ein altes Kirchlein mit einem niedrigen Glockenturm rötlich schimmerte. Auf dem Kirchberg spielten Kinder, die auf den Beginn der Andacht warteten, während die alten Frauen, ganz in Schwarz, bereits in die Kirche gingen.

Kurz darauf trafen aus Valvasone die Jungen der „Fiorita"-Kapelle auf ihren Rädern ein. Sie waren schon ein wenig angeheitert, nahmen ihre Instrumente unter den Arm und sangen oder neckten sich mit Bekannten aus anderen Dörfern.

Cecilia und ihre Begleiterinnen blieben kurz auf dem Platz vor dem Saal stehen.

„Komm doch auch mit", sagte Ines zu Cecilia.

Ilde sah sie streng an. „Ja", sagte Cecilia bitter. Das junge Volk füllte allmählich den Saal, nachdem es die Räder bei der Aufbewahrung auf dem Hof abgegeben hatte. Auch die ersten Mädchen – die mutigsten unter

ihnen – begaben sich in den Saal. Im Hintergrund intonierte die Kapelle „Americano non voglio cantar ..."

Cecilias Begleiterinnen wurden ungeduldig. Sie wollten endlich hineingehen. „Komm doch mit, nur einen Augenblick!" redeten sie ihr zu.

Cecilia schielte zu ihrer Schwester hin, deren Miene noch immer Mißbilligung ausdrückte.

„Nur einen Augenblick!" sagte sie.

Befriedigt und zugleich ein wenig ängstlich schritten sie, verfolgt von den Blicken der auswärtigen Jungen, über den Hof.

Die Kapelle auf dem Podest war bereit, aber Mädchen waren noch nicht viele da, und die Burschen, die am Rande der Tanzfläche standen, warteten auf das Einsetzen der Musik, um gleich zu den Mädchen hinzustürzen. In einer Gruppe neben einer Säule war auch Nini, wie immer mit unbekümmertem, von Sonne, Kälte und Arbeit gegerbtem Gesicht. Er war ziemlich zerstreut und hatte die Hände tief in den Taschen seiner sorgfältig gebügelten grauen Hose, seiner Feiertagshose.

Die Mädchen stießen Cecilia mit den Ellenbogen und sahen sie bedeutungsvoll an. „Da ist er!"

Die Kapelle begann mit einem flotten Foxtrott, der in dem ziemlich leeren Saal laut widerhallte. Doch die Musik übertönte nicht das Läuten der Glocken, die den Beginn des Gottesdienstes ankündigten.

„Tschüs, meine Lieben!" rief Cecilia den Mädchen zu und schob die Schwester vor sich her aus dem Saal.

„Hast du den aus Ligugnana gesehen?" fragte Ilde.

Cecilia erschrak. Sie bereute, in den Tanzsaal gegangen zu sein, das hatte sie sonst nie getan. Eine Nachbarin konnte sie gesehen haben. Draußen dröhnten schwermütig die Glocken, der Kirchberg lag verlassen.

Die Sonne stand schon tief. Schräg fiel ihr Licht aus dem wolkenlosen Himmel auf das grüne Land, die ärmlichen Hütten des Dorfes mit ihren Wasserflecken und brüchigen Mauern, auf die kahlen Gärten und die grauen Höfe, wo aus dem Gewirr der Hühnerställe und der Schweinekoben ein alter Maulbeerbaum herüberleuchtete. Man spürte nun, daß es Abend wurde.

In wenigen Monaten hatte sich vieles gewandelt. Nini hatte Arbeit gefunden, und zwar durch Vermittlung seines Freundes Castellarin, der selbst dank der Empfehlung des Pfarrers von Rosa bei Mangiarotti untergekommen war. Nini arbeitete nun seit einiger Zeit im Sprengstofflager. Er hatte sich verändert: Er war schon immer den anderen voraus gewesen, jetzt aber war er es mehr denn je. Er wirkte wie ein Städter, war ordentlich gekleidet, immer gutgelaunt und selbstbewußt.

Ebenso wie Eligio und Milio hätte er Soldat werden müssen, aber von den dreien wäre wohl nur Eligio eingezogen worden, wenn die Gesundheit ihm nicht einen Streich gespielt hätte. Jedenfalls wurde er ausgemustert. In der letzten Zeit war er immer mehr abgemagert, er war nur noch Haut und Knochen. Schuld war das Unwetter gewesen. Das Unwetter in diesem Sommer hatte die ganze Ernte vernichtet. Gerade als Eligio und Nini in Jugoslawien waren. So fand Eligio, als er nach Hause zurückkehrte, doppelt soviel Elend vor als vorher. Denn wen traf das Unwetter am härtesten? Die kleinen Leute. Der Mais und der Wein auf den beiden schmalen Feldern, von denen die Pereisson ihren ganzen Lebensunterhalt bestritten, waren vom Hagel zur Hälfte vernichtet, und die Familie wußte nicht, wie sie zu Rande kommen sollte: Schulden und Not. So ging Eligio in einen Steinbruch bei Cordovado arbeiten, und diese Arbeit saugte ihm Blut und Kräfte aus. Eligio war der Älteste, deshalb sollte er Soldat werden. Nini war der einzige Sohn, die anderen waren gestorben, einer als Kind, und zwei waren in Albanien gefallen. Milio war zu Hause der jüngste Sohn, seine größeren Brüder waren Soldat gewesen.

Die einzigen, bei denen sich nichts geändert hatte, waren die Faedis. Bei ihnen war alles beim alten geblieben. Haus und Kirche, Haus und Kirche – da konnte sich ja nichts ändern! Wer keine Ansprüche stellt, der hat auch keine Unannehmlichkeiten. Die ganze Familie Faedis, die Jungen und die Alten, erlebten sogar eine erfreuliche und erregende Zeit, denn der Tag rückte näher, an dem Regina und Ernesto Castellarin heiraten wollten. Die Hochzeit sollte im Frühjahr stattfinden. Jetzt war Winter. Auf den Feldern gab es wenig zu tun, höchstens Rohrschneiden und ein paar kleinere Arbeiten auf dem Hof oder im Garten, die nicht eilten. Um so mehr Zeit fand sich zum Schwatzen, Scherzen und Pläneschmieden. Es wurde früh dunkel. Wenn die Glocken von Rosa das Angelus läuteten, dann lag das Land einsam. Zum Abendessen funkelten die Lichter über den alten Stufen vor den Türen.

Wenn die Glocken mit ehernem Klang den Abendgottesdienst einläuteten, dann erdröhnte das ganze Haus der Faedis, obgleich es weit vom Dorf entfernt lag. Aber die kühle Luft über der Ebene, die sich unter dem Sternenhimmel bis zu den Schatten des Gebirges erstreckte, war so klar, daß selbst das Läuten der fernsten Glocken noch herüberdrang: der Zwillingsglocken in Gruaro, der gellenden, schrillen von San Floreano und, sehr weit, der Glocken von Casarsa ...

Im Hause der Faedis gab es dann immer den gleichen Lärm.

„Beeil dich, die Kinder warten!" riefen die Frauen von der Küche her.

„Ja, ja, seid schon ruhig!" antworteten aus Cecilias Kammer die Mädchen.

„Ihr wagt es noch zu antworten!" schimpfte eine der Älteren nervös.

„Uff!" seufzte Ilde.

Wie jeden Abend sollten die Mädchen nach Rosa in das Kinderheim gehen. Cecilia, Ilde und die anderen gehörten zu den „Töchtern Mariä", deshalb kamen sie häufig mit den Schwestern des Heims zusammen. Diese Beziehungen waren, um die Wahrheit zu sagen, ganz besonderer Art; denn die schlichte und unbekümmerte Freundschaft, wie sie unter den Frauen auf dem Lande üblich ist, endete bei den Schwestern an einem gewissen Punkt, weil sich jenseits davon in all seiner Breite das Reich des Herrn erstreckte.

Charakterlich waren die Schwestern nicht anders als die anderen Mädchen, zum Beispiel Regina. Auch die älteren unterschieden sich rein äußerlich kaum von den Frauen im Ort. Sie plauderten gern, liebten Gesellschaft und ein fröhliches Stündchen, sie hatten eben ihre Schwächen.

Eine ihrer Hauptsorgen war das vorbildliche Verhalten beim Beten, beim Händefalten, beim heiligen Abendmahl und bei dergleichen, also stets in einem Seelenzustand zu bleiben, den die modernen Heiligen – Don Bosco und Santa Rita da Cascia – mit ihrem beispielhaften Leben gelehrt hatten. Da sie aber Tag für Tag die niedrigsten Arbeiten im Heim verrichteten, gelang es ihnen nie völlig, eine gewisse Verwandtschaft mit den Frauen ihres Niveaus, das so hoch nicht war, zu leugnen, zumal da auch sie vom Lande, aus dem Veneto oder gar aus Friaul stammten.

Und doch war da etwas, was sie gegenüber den Mädchen entrückt und glückselig wirken ließ. Die Mädchen hatten ihre eigenen Vorstellungen von den Schwestern, sie bewunderten ihren Liebreiz und ihre Vornehmheit, und jede von ihnen hatte eine Lieblingsschwester und, als sie miteinander vertraut wurden, auch eine weniger geliebte Schwester. Regina schwärmte für Schwester Maria, Cecilia für Schwester Celeste ... Manchmal kritisierten sie „ihre“ Schwester offen und unbekümmert, wenn sie sich im Stall trafen. Aber stets schwang in ihren Worten der tiefe Glaube an das Göttliche mit, das von den Nonnen ausging wie von Persönlichkeiten mit einem starren, ein für allemal festgelegten Lebenswandel, wie von Heiligenfiguren, dem Heiligen Herz, der Wallfahrtsmadonna, dem Jesuskind ...

So hatten die Mädchen das Gefühl religiöser Minderwertigkeit, und hier war die natürliche Grenze ihrer Freundschaft mit den Schwestern; denn jede lebte in der Welt, die ihr zugewiesen war. Es war wie die beiden Ufer eines Flusses: die Mädchen diesseits in närrischem Spiel, freudig und mit der schlecht verhohlenen Hoffnung, einen hübschen jungen Mann zu heiraten, sich mit den Vettern balgend; und jenseits in einem weißen Licht die Schwestern, auch sie nicht ohne menschliche Schwächen, aber bedacht mit einem geheimnisvollen, ziemlich romantischen Schicksal.

Cecilia und die anderen Faedismädchen besuchten die Schwestern aber nicht nur aus religiösen Gründen. Sie halfen ihnen auch den Sommer über in der Kolonie für Sonnenlichttherapie, oder sie gingen zu ihnen, um Sticken, Flicken und andere Handarbeiten zu lernen, und schließlich, um der Reihe nach die Jüngsten der Familie in den Kindergarten zu bringen.

Es war bereits dunkel, als sie an diesem Abend Arm in Arm ins Dorf liefen.

Das Kinderheim war nicht weit von der Kirche entfernt. Vor dem Kino war die Straße breiter, und in den Bogengängen der Gemeindeverwaltung gabelte sie sich. An dieser Stelle stand das rotgetünchte Gebäude, dahinter lag der von hohen Kastanien beschattete Hof.

Unterwegs schwiegen die Mädchen sittsam. Bei den ersten Häusern aber stieß Regina einen kleinen Schrei aus, immerhin war sie ja bald verheiratet, also eine würdevolle, erfahrene Frau. Auf dem Platz standen ein paar Burschen, auf ihre Fahrräder gestützt.

„Still jetzt, da sind die Dummköpfe."

Cecilia machte sich ganz klein und preßte noch würdevoller das kleine schwarze Schleiertuch zusammen, das sie gefaltet in der Hand hielt. Die anderen aber schritten, ohne ihr Widerstreben zu beachten, noch steifer dahin und hakten sich bei ihr so fest ein, daß keinerlei unbedachte Bewegung ihre Neugier, ihre Erregung verraten konnte und die Mühe, alles zu ignorieren, was mit den Schwestern nichts zu tun hatte, die auf sie warteten.

Sie blickten auf dem Weg zum Kinderheim weder nach rechts noch nach links, zumal da an der Mauer auf der Wiese des Kirchbergs ihre Vettern und Brüder versammelt waren, die zur Beichte wollten. Aber an der Straßenbiegung, vor dem wurmstichigen Tor des Kinos, wo auf dem feuchtschimmernden Straßenschlamm die jungen Burschen mit ihren Rädern standen, mußte sich zweifellos etwas ereignen.

„Seht mal, die Faedismädchen!" spöttelte ein Bursche aus Braida. Stolz schritten sie an den Jungen vorbei, bemüht, den mit Wasser gefüllten Wagenspuren auszuweichen.

„Dumme Gänse!“ sagte ein Junge.

Ilde konnte sich nicht beherrschen, und zum Entsetzen, aber auch mit stillschweigender Billigung der anderen Mädchen – sie durfte es, denn sie war noch nicht vierzehn – rief sie aus: „Selber dumm!“

„Nun hör dir dieses Kücken an!“ bemerkte ein Bursche aus Braida.

Ilde war an ihrer empfindlichsten Stelle getroffen, es würgte sie in der Kehle, doch sie ging am Arm der anderen weiter und versuchte, ihren Schritt der Würde der Großen anzupassen. Die Jungen lachten. Da öffnete sich die Tür des Tabakladens, hinter dessen staubigen Scheiben ganze Reihen von Postkarten hingen, und heraus kamen Ernesto, Reginas Verlobter, und „der aus Ligugnana“. Sie zündeten sich eine Zigarette an und gesellten sich zu den anderen. Ernesto lächelte nur und grüßte leicht zu Regina hinüber, die vor Freude errötete und ihn ebenso grüßte. Nini lehnte sich an den Torpfosten, das Hemd geöffnet, die Hände in den Hosentaschen. Schweigend und ironisch lächelnd rauchte er seine Zigarette. Zwei oder drei Halbwüchsige umkreisten mit ihren Fahrrädern die Mädchen dicht und streiften sie beinahe; so waren sie gezwungen, die stolze Haltung aufzugeben, und er trennte sich von seinem Freund, trat einige Schritte auf sie zu und sagte, als sie an ihm vorbeigingen, ziemlich leise, mit einem Lächeln, das ihm die Stirn furchte: „Tag! Kennt ihr mich nicht mehr?“

Die Mädchen liefen jetzt davon, doch in Ilde erwachte wieder der Kampfgeist. „Ihr Dummköpfe!“ rief sie den Jungen, die ihnen folgten, zu, als hätten sie es verdient. „Geht lieber schlafen!“

Die Jungen folgten ihnen bis an die Mauer des Kinderheims, wo die Kleinsten gerade gemeinsam ein Gebet sprachen. Dann kehrten sie an den Kinoeingang zurück, wo sie ihre Räder übermütig in den Straßenschmutz warfen und ihre um den Hals geschlungenen bunten Tücher in dem Licht der elektrischen Lampe im Tabakladen wehen ließen.

Ernesto war ein hübscher, blonder Junge. An den Schläfen war sein Haar ein wenig gelichtet, und auf der Stirn war die Haut gerötet. Er war der einzige, der einen Mantel trug, einen dunkelbraunen Mantel, auf den er gut achtgab. Er mußte herzhaft lachen, als er die Mädchen flüchten sah.

„Die haben dich keines Blickes gewürdigt, nicht für 'nen Sechser", sagte er zu Nini und lachte.

„Na und! Was macht das schon!" erwiderte Nini achselzuckend, ohne die geringste Spur von Ärger. Er ging zu seinem Fahrrad, lief ein paar Schritte und schwang sich mit einem Satz auf den Sattel. Einige Arbeitskollegen verließen ebenfalls den Tabakladen, und alle miteinander fuhren nach San Floreano, in die Richtung, aus der die Mädchen gekommen waren.

Gemächlich fuhren sie dahin, plaudernd und pfeifend. So hielten sie es jeden Abend, wenn sie von der Arbeit im Sprengstofflager zurückkehrten. In einer Reihe, am Straßenrand, auf dem einzigen trockenen Streifen, dicht am Graben entlang.

Vor dem Gehöft der Faedis, das einsam zwischen kahlen Waldungen und Feldern lag, verabschiedete sich Ernesto von den anderen und bog in den schmalen Weg zum Haus ein, um dort auf Regina zu warten.

Nini und die anderen fuhren weiter durch die völlig öde Gegend, im Licht der ersten Sterne, die sich im Straßenschmutz spiegelten.

In San Floreano gingen sie wie fast jeden Abend in die größte Gaststätte des Ortes, setzten sich an

einen Tisch, bestellten einen Liter Wein und spielten Mora.

Einige Zeit später hob einer von ihnen den Kopf, um sich den Schweiß abzuwischen. Er machte plötzlich große Augen und rief aus: „He, seht mal da!"

Die anderen drehten sich schwerfällig um und stellten fest, daß es sich um ein hübsches Mädchen handelte, ein wirklich hübsches Mädchen, eine wahre Schönheit.

„Pia, nicht wahr?" fragte Nini.

Hinter dem abgewetzten, wackligen Schanktisch, eingerahmt von einem verstaubten, leeren Bonbonglas und der Waage aus Messing, saß mit dem Rücken zum Büfett, auf dem eine Likör- und Limonadenflasche neben der anderen stand, ein auffallend schönes junges Mädchen, das etwas las. Sie war wirklich eine wahre Schönheit: Adrett von Kopf bis Fuß, glattes langes Haar fiel ihr auf die Schultern, auf das dunkelrote Kleid.

Pia war schon älter, zweiundzwanzig oder dreiundzwanzig, sah aber jünger aus. Das machten die feingliedrige Gestalt, die schwarzen Augen, die helle, reine Haut, die bleich und lieblich war wie der Mond, so daß die Augen besonders dunkel wirkten.

Nini kannte sie von früher, als sie noch klein war, sechzehn oder siebzehn Jahre alt. Damals hatte er zum erstenmal eine Gaststätte betreten, aber mit den Großen, die ihn in einen Winkel gesetzt und ihm Orangensaft bestellt hatten. Dann war Pia in die Stadt gegangen und hatte damit genau das Gegenteil von dem getan, was alle taten, die von der Stadt aufs Land zogen. Pia hatte in Padua oder Mestre oder Verona eine Tante, und wie es hieß, hoffte sie dort eine Stellung zu finden. Was sie dann wirklich gemacht hatte, wußte niemand. Es gab Redereien, aber keiner konnte etwas Genaues sagen. Nun trat Pia sonntags mit einer kleinen Kapelle in einem Tanzsaal in Pordenone als Sängerin auf. Aber erst seit kurzem, Nini war noch nicht dort gewesen. An diesem Abend sah er sie zum erstenmal wieder.

Er verließ seine Freunde an dem weinbefleckten Tisch und trat an den Schanktisch heran. „Sie sind Pia", sagte er.

Das Mädchen hob wie im Traum den Blick vom „Grand Hotel", in dem sie gerade gelesen hatte, sah ihn sanft und fast mit Tränen in den Augen an und bestätigte höflich: „Ja."

„Ich habe Sie gekannt, bevor Sie weggegangen sind", fuhr Nini dreist fort.

Pia lächelte.

„Was treiben Sie denn jetzt? Ich habe gehört, Sie singen . . ."

Pia strich sich ein wenig verlegen mit der Hand über das glatte, lange Haar; aber nicht so, wie viele es tun, wenn sie in Augenblicken der Verlegenheit das Haar zurechtschieben und dabei den Hals recken wie trinkende Hennen. Pia strich über die schwarze Haarflut, als hätte sie Kopfschmerzen – weiter nichts. Dann lächelte sie wieder. „Ja, ich singe. In Pordenone", sagte sie bescheiden.

Nini kam sich vor wie eine volle Weinflasche, die man mit einem Zug leeren will, aus der man aber nur wenig herausbekommt, weil der Hals zu eng ist. Tanzsaal, Tanzkapelle, Sängerin! Das muß man sich einmal vorstellen! Alles Dinge, die wie ein Licht in ihm aufleuchteten, jenes Licht, das ihn stets von den anderen unterschied – wenn er auf einer Festlichkeit erschien, dann war er einer von denen, deren bloße Anwesenheit dem Fest die richtige Stimmung vermittelten. Er war schon immer so einer gewesen, ein Städter, keiner vom Lande. Wie Pia. Und so erzählte er ihr von alldem hier, die Ellbogen auf den Tisch gestützt, den schwarzen

Schopf in der Stirn, von Ballsälen, Tanzkapellen, Sängern ...

„Kennen Sie Nello, den Geiger von der ‚Fiorita' aus Valvasone?"

„Ja, mit dem habe ich auch gesungen."

„Ein feiner Kerl! Den kenne ich schon ziemlich lange. Na ja, ich lasse keine Tanzveranstaltung aus ... In Gruaro, in Casarsa, in Casale, in San Floreano, überall ... Vor allem in dieser Jahreszeit, im Karneval! Wie ist eigentlich der neue Saal in Pordenone? Dort bin ich noch nicht gewesen."

„Er ist sehr schön ... Das richtige Lokal für feine Herren."

„Am Sonntag komme ich hin! Mit ein paar Freunden, wenn sie können ... Vielleicht mieten wir uns sogar ein Auto. Wir kommen und klatschen Ihnen Beifall, wenn Sie singen."

Pia sah ihn mit ihren großen, sterngleichen, ein wenig feuchten Augen an und bemerkte seine trockene Haut, die einem Pagen, einer Engelsgestalt zu gehören schien.

„Ich bin keineswegs so ein Herr, der sich den Luxus leisten könnte, mit einem Auto herumzufahren. Aber wegen einmal wird die Welt nicht einstürzen. Was wollen Sie, so geht es uns, den armen Arbeitern!"

„Sie arbeiten?"

„Ja, bei Mangiarotti, im Pulvermagazin", erklärte Nini stolz.

„Das ist aber gefährlich!" meinte Pia. Und da sie ein braves, anständiges Mädchen war, verfinsterte sich ihre Miene, und sie schüttelte ihre Hawaiimädchenmähne.

„Das ist mir gleich!" rief Nini aus. „Man kann nur einmal sterben! Und wer essen will, der muß arbeiten."

„So ist es", stimmte Pia zu.

„Ach, eine Hunderegierung", fuhr Nini fort. „Mit De

Gasperi ist nichts los!" Er sprach leichthin, weil Frauen meist von Politik nicht viel hören mochten.

Pia aber sagte schlicht und mit Anmut: „Der Sozialismus wird damit fertig werden."

„Fahren Sie dann mit uns im Auto von Pordenone zurück?" fragte Nini dreist. Am liebsten hätte er sie umarmt.

Schlicht, bereitwillig, aber sehr reserviert antwortete sie: „Mal sehen."

„Sie werden erleben, wie wir uns amüsieren!" rief Nini mit neuem freudigem Aufschwung. In diesem Augenblick dachte er gar nicht daran, daß er sich in dieses Mädchen verlieben könnte – er unterhielt sich mit ihr aus Freundschaft, aus Sympathie, auf Grund der Verwandtschaft des Geschmacks. Er dachte vielleicht sogar daran, sich auch mit ihr zu amüsieren, aber gewiß nicht, um etwas Ernstes anzufangen. Sie war ihm eben sympathisch, das war alles.

„Warum stecken Sie sich nicht eine Blume ins Haar?" fragte er lächelnd. „Das würde Ihnen gut stehen, mit diesem schönen langen Haar . . ."

Er nahm einen Petersilienstrauß, der zusammen mit anderem Grünzeug in einer Tüte aus Zeitungspapier auf dem Tisch lag, und hielt ihn ihr an den Kopf, über dem Ohr, an die Flut des seidenweichen Haars.

„Sehen Sie, wie gut es Ihnen steht!" rief er aus. Pia legte die Hände auf das „Grand Hotel" auf dem Schanktisch und sah ihn mit ihren großen, schwarzen, mitleidigen Augen an, als wollte sie sagen: Geh nach Hause, Kleiner!

2 Mitten durch den Stall der Faedis lief wie in allen Stallungen ein mit Steinfliesen belegter Gang, der in bestimmten Abständen von den Abflußrinnen für die Jauche unterbrochen wurde. Zu beiden Seiten dieses Ganges waren, durch Zwischenwände aus verdreckten und wurmstichigen Brettern getrennt, die Tiere untergebracht, die zwischen den Jaucherinnen lagen oder standen und die Luft wie Öfen erwärmten.

In der Mitte des Ganges hing an der hohen Decke eine Lampe, unter der wie jeden Abend die Frauen im Kreis beisammensaßen, die Nähkörbe auf den Knien.

Zuweilen blieben die Männer mit ihnen auf, meist aber gingen sie nach ein, zwei Stunden schlafen. Die letzten, die sich zurückzogen, waren die Burschen, und zwar die älteren, die nicht mehr auf dem Schoß der Mutter einschliefen, die aber auch noch nicht so groß waren, daß ihnen aus lauter Mannhaftigkeit das Geschwätz der Frauen gleichgültig war.

So entstand zwischen ihnen eine Art Bündnis zum Nachteil der Alten, der Hausherren, und eine heitere, ziemlich ausgelassene Stimmung griff um sich, von der sich auch die älteren Frauen mitreißen ließen.

Die Plaudereien hatten etwas Erregendes, Kühnes, das ein leichtes Schuldgefühl verursachte. Allein und doch in Gemeinsamkeit, auf dem flachen Land, das in tiefen Schlaf versunken schien, obwohl die Glocken eben erst zur Nacht geläutet hatten, erschauerten sie innerlich vor wohliger Angst, vor Freiheit.

Sie lachten über jede Kleinigkeit; vor allem die jungen Frauen, aber die älteren nicht minder. Kaum waren die Männer hinaus – alle wünschten den Augenblick herbei, obgleich sie es sich nicht anmerken ließen, und taten, als freute es sie, wenn einer der Jungen bei ihnen blieb –, da nahmen meist die jüngsten das Gesprächsthema des Vorabends wieder auf, über das sie schon so viel gelacht hatten.

Oft war eine von ihnen so mutig vorzuschlagen, daß ein bißchen Wein geholt wurde. Im Grunde warteten sie alle den ganzen Abend darauf, daß die eine oder die andere diesen Mut aufbrachte und den willkommenen Vorschlag machte. Fast immer sprangen dann Nesto und Osvaldo, die beiden gleichaltrigen Vettern mit den halboffenen Hosen und den dicken weißen Wollstrümpfen, die ihnen die Schwestern gestrickt hatten, von ihrem Bänkchen auf, liefen in den Vorratskeller und füllten die kleine Kürbisflasche mit Wein. Wenn die Frauen dann ein halbes Glas getrunken und der Wein wie ein Farbstoff die Lippen gerötet hatte, dann wuchs die Heiterkeit an, und bisweilen wagten sie sogar ein Wort über die Liebe.

Cecilia und Nini hatten noch nie miteinander gesprochen. Vielleicht lag das auch daran, daß Nini Cecilias Existenz noch nicht einmal zur Kenntnis genommen hatte. Trotzdem redeten Cecilias Basen und Freundinnen über sie beide, als wären sie ineinander verliebt oder doch beinahe ein Liebespaar ... Falls Cecilia überhaupt an dergleichen dachte, hätte sie es doch gewiß niemals eingestanden, nicht einmal sich selbst. Der Gedanke an Nini schreckte sie, sonst nichts. Und selbst daran wagte sie nicht zu denken, geschweige denn, davon zu sprechen ... Abends im Stall aber ließen die Basen nicht von ihren Anspielungen und Sticheleien ab. Cecilia wurde feuerrot und verstummte. So mußte Ilde sie verteidigen.

Eines Abends jedoch hatte Regina „es" schelmisch und verschämt lachend ihrem Ernesto erzählt, als sie beide einen ihrer langen, keuschen Abende am häuslichen Herd verbrachten, wo die Faedis sie, obzwar streng überwacht, allein gelassen hatten.

Ernesto erzählte es lachend Nini bei der Arbeit, und Nini fühlte sich geschmeichelt und ließ sich genau schildern, wie Cecilia war. Ein hübsches Mädchen, dachte er, und sie erwartet, daß wir etwas tun.

Er sah sich die Mädchen ein bißchen näher an, die abends die Milch in die Molkerei brachten, und als Cecilia an der Reihe war, wartete er etwas außerhalb des Dorfes an der Straße, um sie abzupassen, wenn sie über die vereisten Felder heimkehrte, auf denen schon, abgesehen vom Abglanz des Abendrots hinten in der Ebene, Dunkelheit lag.

Cecilia tauchte endlich bei den letzten Häusern des Dorfes auf und kam die weiße Straße entlang. Die Milchkannen schlugen scheppernd gegen die Lenkstange. Mit den beiden dicken Zöpfen, die ihr Lämmchengesicht rahmten, glich sie einem Engel.

Nini saß auf seinem Fahrrad und wartete, bis sie bei ihm war; dann fuhr er auf dem eingetrockneten Straßenschmutz neben ihr her. Cecilia starrte mit großen Augen vor sich hin, als hätte sie nichts bemerkt.

„Guten Abend, Signorina", sagte Nini. Er war doppelt

so groß wie sie, gemächlich trat er mit seinen langen Beinen die Pedale.

Da sie schwieg, fuhr er fort: „Wir kennen uns doch! Ich bin Nini Infant, Ernestos Freund."

Das war fürchterlich für Cecilia. Sie schwieg wie erstickt, und ihr von der Kälte gerötetes Gesicht unter den dicken Zöpfen blieb unbewegt. Sie starrte vor sich hin. Am liebsten wäre sie geflohen oder tot umgefallen.

Nini glaubte, sie schweige so, wie junge Mädchen eben schweigen – aus Pflichtgefühl oder aus Koketterie. „Sie sind die Schönste von allen Faedis!" fügte er hinzu. „Seit langem sehe ich Ihnen nach!"

Er trat ein wenig stärker die Pedale, um ihr Gesicht zu erkennen. Aber da zeichnete sich weder ein Ausdruck von Verdruß oder Angst noch von Vergnügen ab. Sie schien taub oder blind, es war, als wäre er gar nicht da.

„Haben Sie etwas dagegen, wenn ich Sie ein Stück auf dem Heimweg begleite?" fragte Nini. Er verlor allmählich den Mut.

Die Straße war leer. Hier und da am Grabenrand ragte ein kahler Moorhirse- oder Holunderstrauch oder ein Bündel schlanker, blutroter Weidenruten auf. Es war totenstill. Auf einmal ertönten in der kalten, klaren Luft die Abendglocken.

„Könnten wir uns nicht mal treffen?" fragte Nini. Cecilia, vom Schreck wie gelähmt, antwortete nicht. Sie war bleich geworden und zitterte am ganzen Leib.

„Hast du die Sprache verloren?" fragte Nini ungeduldig. Er duzte sie, redete sie an wie ein Kind.

Durch die Reihen der kahlen Rebstöcke schimmerten schon die schwarzen Umrisse des Faedishauses.

„Also ich kehre jetzt um, du willst mich ja nicht!" sagte Nini, nachdem er in einem fort auf Cecilia wie auf ein

Kind eingeredet hatte. Stocksteif und mit unbewegtem Gesicht radelte sie weiter. Verzweifelt sah sie zu dem elterlichen Haus hinüber. Da wendete Nini und fuhr davon.

„Tschüs!" rief er ein wenig ironisch. Er hatte ihr kein Wort, kein Lächeln, ja nicht einmal einen Blick entlocken können. Er zuckte mit den Schultern und fuhr ins Dorf zurück, dessen Lichter über das Land leuchteten.

Bei der offiziellen Verlobung Reginas und Ernestos war Trubel im Haus der Faedis. Seine und ihre Freunde waren gekommen, und die Alten waren auch zu Hause, denn es war in der kältesten Zeit des Jahres, da gab es auf den Feldern nichts zu tun.

Ernesto hatte außer den Freunden, die er von klein auf kannte, Nini eingeladen. Die große Küche vermochte kaum alle Gäste zu fassen. Einige standen am Herd, andere drängten sich an den Wänden und vor der Anrichte mit den an die Scheiben geklemmten Fotografien.

Auch Eligio war da, der mit der Tolle über den feurigen Augen immer närrischer aussah. Er hatte die Harmonika mitgebracht und spielte ein lustiges Lied – „Wenn der Hahn kräht . . ." – und dann einen Boogie.

Die alten Faedis hatten schon ein paar Glas über den Durst getrunken, und als die Jugend ein wenig zu tanzen wünschte, sträubten sie sich zwar anfangs als gute Katholiken, dann aber willigten sie ein – doch es sollte nur ein Tanz sein.

Cecilia hatte sich in einem Winkel auf den Herdstein gekauert. Ihre großen Schäfchenaugen blickten suchend umher, als wollte sie sich verkriechen oder ganz verschwinden.

Nini tanzte mit allen Mädchen, auch die Frauen forderte er auf, die sich zierten und ausschütten wollten vor Lachen und dabei die Hand vor den Mund hielten. Cecilia jedoch übersah er, als wäre sie nicht da. Er hatte die Sonntagshose an, die graue, gut gebügelte, und beim Tanzen wirkte er noch forscher und eleganter. Cecilia hatte im übrigen so wenig Selbstvertrauen, daß sie nicht einmal enttäuscht war; denn um enttäuscht zu sein, hätte sie hoffen müssen, daß Nini sie aufforderte. Doch daran wagte sie nicht einmal zu denken.

Sie unterhielt sich auch so, indem sie zuschaute, als Nini mit ihrer zahnlosen und schon ein wenig angeheiterten Tante Anuta tanzte oder mit Ilde, die ihm gerade bis an den Hosenbund reichte.

Schließlich ermannte sich Nini und forderte Cecilia auf, wenn auch ein bißchen unsicher. Vielleicht entmutigte ihn die Erinnerung an den Abend, an dem er versucht hatte, mit ihr anzubändeln. Feuerrot und lachend, aber nur weil die anderen lachten, nahm Cecilia an. Sie konnte nicht gut tanzen, sie hatte bisher nur mit ihren Schwestern und Basen getanzt und war bemüht, nichts falsch zu machen.

Sie drängte sich dicht an ihn und spürte seine Brust und seine Hüfte so, als wären sie gar nicht wirklich vorhanden, als wären ihre Schwere und ihre Kraft nur zufällig da und als wären sie so sehr ihm zugehörig, daß ihr Vorhandensein ein Wunder schien, das nicht Ergebenheit, sondern Angst hervorbrachte.

Sie tanzten bis spät in die Nacht. Als die Burschen gingen, stand hoch über dem fast blau glänzenden Land der Mond. Sie waren angetrunken und sangen.

Am Abend vor Epiphanias ging es im Stall der Faedis, wo die Frauen bei der Arbeit saßen, besonders hoch her.

Große Freude herrschte, nicht zuletzt, weil Besuch gekommen war: eine Nachbarin, die kurz zuvor geheiratet hatte, und Gufa, das Schandmaul mit der Jungenstimme, das niemand zum Schweigen bringen konnte. Zwei Stunden lang wurde erzählt, gelacht und gelärmt, so daß die Kleinsten lieber vor Müdigkeit umgefallen wären, als daß sie sich ein Wort von diesem lustigen Abend hätten entgehen lassen.

Auch als die Unterhaltung schleppend und ernst wurde und Anspielungen und abfällige Bemerkungen einflossen, die nur die Großen verstanden, sogen sie noch den Sinn der Worte in sich ein, machten ihn sich zu eigen, unverdorben und ohne Unruhe, in jenem Geist froher Bescheidenheit, den sie von den Vätern geerbt hatten. Sobald es darum ging, die Kirche gegen das moderne Leben und den Kommunismus zu verteidigen und das Leben von früher gegen die schlechte Erziehung und die Unbefangenheit der Jugend von heute in den Himmel zu heben, dann waren sich alle Faedis einig, auch wenn sie nicht gerade bigott waren.

Die Gufa aber war streitsüchtig an diesem Abend. Sie hatte sogar die Dreistigkeit, es mit der ganzen Faedissippe aufzunehmen. Doch vor allem die Frauen kannten sie ja, und statt ihr zu antworten, machten sie sich über sie lustig und riefen ihr rot vor Lachen zu: „Schweig, du Närrin, schweig!"

Aber die Gufa war in Fahrt, sie redete mit ihrem Mundwerk alle in Grund und Boden. Und ihre schrille Jungenstimme war noch zwei Kilometer entfernt zu hören, wenn sie mit ihrem Mann stritt.

Sie blieb zwar fest in ihrer Bindung an die Kirche, und ihre Frömmigkeit als gute Christin war nicht zu bezweifeln, aber sie schimpfte nun doch auf die Regierung und verteidigte beinahe die Kommunisten. Die Frauen riefen, ja schrien ihr empört und belustigt zugleich zu: „Schweig, du Närrin, schweig!“ und taten, als wollten sie nach der Holzpantine greifen. Die Männer sahen sich das eine Zeitlang belustigt an, dann versuchten sie mit Humor, die Gufa zu widerlegen. Schließlich übernahm es Cecilias Onkel Erminio – ein Original wie die Gufa selbst –, mit seiner rauhen Stimme die Nachbarin zurechtzuweisen.

Aber die Gufa war damit nicht einverstanden. Stolz wie ein Kampfhahn hob sie den Kopf, und so klein und rundlich sie war, bildete sie nun eine ernsthafte Bedrohung für das Ansehen des großen Erminio, der gegen ihr Geschrei nichts auszurichten vermochte. Die Gufa diskutierte ohne die geringste Angst, sich zu widersprechen oder Dummheiten zu sagen, eben weil sie die Angst überwunden hatte.

Erminio rauchte fauchend und zischend wie eine Lokomotive seine Pfeife und hielt es dann für angebracht, die Gufa mit Tatsachen und Beispielen in die Enge zu treiben. „Die Kommunisten“, begann er und paffte, daß es in der Pfeife knisterte wie feuchte Holzscheite, „sind Verbrecher, Leute, die keine Lust zum Arbeiten haben! Sieh dich doch hier in Rosa um oder in San Giovanni, du Närrin, dann merkst du, was das für Kerle sind. Jacu, der Sohn von Sante Miòr, Rico Quarnùs und wie sie alle heißen, Nin Giacomùs, Sigi Pereisson, Pieri Susanna ... Ein schönes Volk! Und dann schau dir die Auswärtigen an, die bei Mangiarotti arbeiten! Sei ehrlich: Wenn du eine Tochter zu verheiraten hättest, würdest du sie einem von denen geben? Was? Einem wie Nini Infant?“ fügte er hinzu. „Würdest du sie ihm geben? Antworte!“

„Lauter Leute ohne Glauben“, ergänzte die alte Anuta.

Cecilia schlug die Augen nieder und hörte reglos wie

eine Statue zu, während alle Faedis Onkel Erminio beipflichteten, auch Francesco, Cecilias und Ildes Vater, der doch sonst der vorurteilsloseste von allen und ein stets heiterer und vergnügter Mensch war.

Der Gufa war bereits die Lust vergangen, weiter über Politik zu reden. Sie verschoß die letzte Ladung Streitsucht, indem sie behauptete, sie nehme diese Argumente nicht für voll und man könne so nicht mit ihr umspringen. Dann stimmte sie eins ihrer Lieblingslieder an:

„Immer fröhlich
kann man nicht sein,
und noch weniger
melancholisch ..."

Als sie mit gepreßter Stimme und rot vor Anstrengung sang, brachen alle in schallendes Lachen aus, die Frauen und die Mädchen fröhlich und ausgelassen. Ilde kreischte ohrenbetäubend, lauter als die Männer, und selbst die ruhige Cecilia mit den starren, ein wenig erschreckten Augen lachte und lachte ...

Dann verabschiedeten sich die Gufa und die Nachbarin, und die Männer polterten in die Schlafräume, so daß das ganze Haus erzitterte.

Die Faedisfrauen blieben noch, um die bei der Unterhaltung verlorene Zeit wettzumachen. Sie setzten sich unter die Lampe und nahmen beharrlich ihre Arbeit wieder auf. Alle Augenblicke erinnerten sie sich an Worte und Geschehnisse dieses Abends, und dann flakkerte die Heiterkeit von neuem auf. Doch plötzlich wurde es still im Stall.

Cecilia hob nicht mehr den Blick von der Wäsche, die sie ausbesserte, nicht einmal, als dann und wann noch ein Lachen ertönte. Sie saß vornübergebeugt, das Haar fiel ihr in die Stirn, und die langen, schweren Zöpfe hingen auf ihrem Rücken. Sie hatte wieder das Kindergesicht, vor Müdigkeit vielleicht oder wegen der Wärme, und ihre Lammaugen glänzten noch weicher. Schließlich stand die älteste der Faedisfrauen auf, ging an die Stalltür und öffnete sie einen Spalt breit, um ein wenig frische Luft zu schöpfen. Durch den Spalt schimmerte ein Stück des seidig hellen Nachthimmels. Die Alte blieb eine Weile in der Tür stehen, zog sich das große schwarze Tuch in die Stirn, hob den Kopf und rief in das tiefe Schweigen hinein: „Ring in der Nähe, Regen fern!"

Da ließ Cecilia ihre Arbeit auf den Steinfußboden fallen und stürzte aus dem Stall. Durch die weitgeöffnete Tür war der ganze Himmel zu sehen, weiß, der Mond mitten in seinem Hof, und hier und da eine staubleichte Wolke. Verblüfft blickten die Frauen einander an, und die Alte rief von der Schwelle aus über den Hof: „Cecilia! Cecilia!"

Regina und Cecilias Mutter legten hastig ihre Näharbeit in die Körbe und liefen hinter ihr her, um festzustellen, was geschehen war. Sie fanden Cecilia bereits in ihrer Kammer. Sie preßte das Gesicht auf den Strohsack und schluchzte.

3 Pia fuhr häufig mit dem Rad nach Gruaro, um Einkäufe zu erledigen oder um sich beim Friseur Dauerwellen legen zu lassen. Nini erwartete sie oft nach der Arbeit, wenn er von Rosa her die Straße entlangradelte, und kehrte zusammen mit ihr nach San Floreano zurück.

Ihre Liebe, die anfangs eigentlich gar nicht so aufrichtig war, festigte sich im Laufe der Zeit. Aber Nini dachte nicht weiter darüber nach. Er war überzeugt, daß er mit Pia nur ging, um sich zu amüsieren. Das hatte er schon mit so vielen Mädchen getan, und Pia war, obgleich sie ihm besser gefiel, in dieser Hinsicht wie alle anderen. Aber mit Amüsieren hatte sie nicht viel im Sinn, sie schien überhaupt nicht geneigt zu sein nachzugeben.

Sie war ein anständiges, braves Mädchen, und sie hatte einen so mißtrauischen, unglückseligen Gesichtsausdruck, dazu die großen, tief unter der weißen Stirn liegenden Augen mit dem bittenden oder freimütigen Aufschlag wie bei Schauspielerinnen, und glattes, bis auf die Schultern herabfallendes Haar. Was wollten diese Augen nur sagen?

Nini begriff gar nichts mehr: Er wunderte sich jedesmal, aber er vermochte sich nicht zu der Erkenntnis durchzuringen, daß Pia ein anständiges Mädchen, daß sie vielleicht sogar noch Jungfrau war und daß sie wie alle Mädchen auf Verlobung und Hochzeit hoffte – nicht einmal aus Berechnung, denn Nini war bei all seinen Städterallüren nur ein armer Arbeiter aus den Mangiarotti-Werken.

Pia nahm die Beziehung zwischen ihnen ein wenig träumerisch hin, als handelte es sich um etwas, was nicht ihr, sondern einem Mädchen in einem ihrer Romane geschah; und schweigend und gutmütig ließ sie es geschehen. Wenn Nini bei ihr etwas zu erreichen suchte, dann wehrte sie ihn mehr traurig und schmerzlich berührt als gekränkt ab. Aber in der Verteidigung hatte sie offenbar ausreichend Erfahrung. Gewiß hatte sie bereits Männerbekanntschaften gehabt.

Eines Abends kehrten sie wie immer mit dem Fahrrad von Gruaro zurück. Nini hatte eigentlich gar nicht mehr das Verlangen, Pia zu besitzen. Er fuhr schweigend voraus.

Hinter Rosa war die Straße nach San Floreano einsam und kurvenreich. Es war eine unbedeutende Landstraße, die in diesen Tagen durch die trockene Kälte hart und weiß geworden war und die durch kahle Waldungen führte, vorbei an den derben, roten Büscheln der Korbweiden, an Moorhirse und Akazien, die in dichten Reihen die Straßengräben säumten.

An einer Biegung war eine kleine Brücke mit einem Waschplatz unter dem kahlen Astwerk. Dort machten sie jedesmal halt, um sich im Dunkel des Abends zu küssen.

Nini stieg ab und hob Pia wie ein Gepäckstück vom Fahrrad. Aber statt sie an die Brückenbrüstung zu lehnen, drängte er sie auf den Pfad hinunter, am Wasser entlang zu dem Waschplatz. Dort war keine Menschenseele, nur ein kleiner Herbstvogel flatterte zwischen den Zweigen.

Pia ließ alles mit sich geschehen. Sie begriff, daß dies der Abend war, der früher oder später kommen mußte. Nini bettete sie sacht auf das spröde, feuchte Gras an der Grabenböschung zwischen Gestrüpp und rötlichen Weiden und deckte sie mit seinem großen, schweren Körper völlig zu.

Nachher wußte er vor Verlegenheit nicht, wo er seine groben Hände lassen sollte. Sie waren es gewohnt, bei schwerer Arbeit fest zuzupacken oder auch Frauen zu liebkosen, die ganz anders waren als Pia. Mit Schrecken dachte Nini, was sie hätte sagen oder tun können. Pia aber sagte und tat nichts. Sie schien nur traurig und verwundert, in der Tiefe ihrer schwarzen Augen lag der Ausdruck eines unschuldigen Opfers.

Ringsum war es still. Nur die kleinen Vögel flatterten und zwitscherten, die den Winter über im Lande bleiben. Sie hüpften von einem Ast zum andern, von einem trockenen Holunder auf einen trockenen Maulbeerbaum, ganz hinten zwischen den Reihen der Rebstöcke, die lang waren wie Korridore, an dem Graben mit dem gefrorenen dunklen Wasser endeten und an das Gras stießen, das die Farbe der bläßlichen Sonne hatte. Plötzlich verschwand zwischen den tiefhängenden Zweigen mit schwerem Flügelschlag ein taubengroßer grauer Vogel – er flog davon wie in einem Traum.

„Ein Bussard", sagte Nini und folgte ihm mit dem Blick. „Zu dumm, daß ich keine Schleuder bei mir habe."

Sie lächelte und stützte sich sacht, kaum merklich, auf seine Schulter und sah ihn mit zärtlicher Traurigkeit an.

Von da an war sie immer so, stets Opfer ihrer und seiner Schwachheit, und ihr Gesichtsausdruck wurde verschlossener und schmerzlicher. Stundenlang hielt sie sich hinter dem Schanktisch der Gaststätte auf, um zu arbeiten oder um Zeitschriften zu lesen, und wartete auf Nini, wie für einen festlichen Empfang gekleidet.

In einer der ersten Dezembernächte lagen Land und Dorf in tiefer Stille. Es war die Stille einer Frostnacht, wenn die Luft blau und durchsichtig ist und sich im Mondlicht Gipfel hinter Gipfel blau die Berge abheben.

Der Knall kam so unvermittelt wie zur Zeit der Bombenangriffe auf Casarsa. Die Fensterscheiben klirrten, manche zersprangen sogar, und noch immer dröhnte es. Die ganze Familie Faedis wurde wach, und alle sprangen in ihren ärmlichen, aber blitzsauberen Schlafstuben aus den Betten oder von den Strohsäcken und stürzten, voran die Jungen, die am schnellsten von ihren Maisstrohmatratzen hochgefahren waren, auf den Hausboden an die Dachluken.

Am Rande des Ödlandes am Tagliamento sahen sie einen langen Feuerstreifen, der – so klar war die Nacht – auch auf die Stallmauern und den unteren Teil des Weinbergs einen schwachen roten Schimmer warf. Ein Sprengstofflager von Mangiarotti war in die Luft geflogen, darüber waren sich alle einig.

Regina dachte an Ernesto, der gerade Nachtschicht hatte, und sie weinte und schrie. Die Frauen umringten sie, versuchten sie zu trösten, ihr Hoffnung zu machen, und jammerten ebenfalls. Die Jungen kleideten sich inzwischen rasch an und bereiteten sich vor, mit dem Rad an den Unglücksort zu fahren. Sie waren bald fertig und brachen auf, begleitet von den Wünschen der Frauen und den Empfehlungen der Männer. Die Frauen versammelten sich im Stall, um den Rosenkranz zu beten, die Männer blieben auf dem Hof beisammen und sahen zu dem roten Feuerschein in der Ferne hin. Rings um Anuta, die den Rosenkranz hielt, saßen die Frauen auf Schemeln oder knieten auf dem Steinfußboden. Nur Regina und Cecilia standen ein wenig abseits und beteten gleichsam jede für sich; sie waren halbtot vor Angst, Sorge und Qual.

Der Morgen dämmerte bereits, und bei Sonnenaufgang kehrten die Jungen zurück. Ernesto war tot, die anderen, unter ihnen Nini, hatten sich retten können.

Während Regina in den Armen der Frauen schrie, blitzte in den unschuldigen, tränennassen Augen der verzweifelten Cecilia, die sich abseits hielt, ein kurzer, flüchtiger Freudenstrahl auf.

Von nun an war sie nachdenklich und begriff allmählich, was ihr solche Angst einjagte, daß sie sich für immer verloren glaubte.

Am nächsten Samstag ging sie wie üblich zur Beichte. Doch es war, als wäre es das erste Mal, und bevor sie sich bei dem Beichtvater meldete, prüfte sie lange und besorgt ihr Gewissen und ließ alle vor, die die Bänke füllten, Jungen, Mädchen und alte Frauen. Schließlich erhob sie sich, trat an das Gitter heran und sprach das Sühnegebet.

Sie sagte dem Pfarrer alles: Sie habe in jener Nacht nur an Nini gedacht und sich nur um ihn geängstigt, und als sie erfahren habe, daß Ernesto der einzige Tote sei, da habe sie es fertiggebracht, dem Herrn dafür zu danken.

Der Pfarrer konnte ihr nur antworten, sie habe gesündigt, und zwar schwer. Und bei dem, was sie für Nini empfinde, müsse sie sehr darauf achten, daß es nicht ein unreines, verbotenes Gefühl sei.

Völlig zerknirscht und dem Weinen nahe, schwieg Cecilia. Der Priester aber sprach weiter zu ihr. In der Gnade des Herrn sei jegliches Gefühl rein und erlaubt, sagte er, es genüge, Kraft und Geduld zu haben. Dann wollte er von ihr mehr über Nini erfahren, denn er kannte ihn nicht. Cecilia brachte das wenige, was sie wußte, stammelnd hervor. Aber in ihrem Herzen spürte sie nun eine andere Last, eine Angst, von der sie sich endlich befreien wollte, nachdem sie sie so lange mit sich herumgeschleppt hatte. Sie senkte den Blick und sagte in einem Ton, als wäre es ihre Schuld, Nini sei Kommunist. Zu ihrer Verwunderung schien der Pfarrer das nicht tragisch zu nehmen. Er lächelte sogar ein wenig über Cecilias Ängste. Nini sei ja noch jung, meinte er, und habe genügend Zeit, sich zu besinnen, im übrigen sei es das wichtigste, daß er ein braver Junge sei.

Cecilia lief zu ihrer Bank vor dem Madonnenstandbild und sprach mit Inbrunst die Sühnegebete, beinahe als fürchtete sie, nicht genug Reue zu zeigen, denn beim Beten spürte sie im Grunde ihres Herzens nicht Schmerz, sondern eigenartige, süße, unbezwingbare Freude.

Auf den Grabenrändern, wo die Sonne hinkam, hatte sich schon manche Primel herausgewagt, und das schüchterne erste Grün der Wiesen hob sich gegen die noch weißen Berge ab. Der Winter schien plötzlich zu Ende, und so war der letzte Tag des Karnevals voll Leben und Treiben und ausgelassener Fröhlichkeit.

An diesem Tage sollten wie jedes Jahr die Kinder aus dem Heim vor dem Bürgermeister und dem Pfarrer etwas aufführen. Deshalb standen Cecilia und die anderen Mädchen schon im Morgengrauen auf – einmal, weil sie es nicht länger im Bett aushielten, und zum anderen, weil sie den Karnevalsumzug nicht verpassen wollten.

Kurz darauf sichtete Nisiuti ihn wahrhaftig schon von einem Dachfenster aus. Alle liefen hinauf und lehnten sich auf die abgenutzten schmalen Fensterbretter.

Von dort oben konnte man die Ebene weit überblikken. Rechter Hand lag Rosa, links, ein ganzes Stück entfernt, San Floreano, und da und dort ragten die Kirchtürme anderer Ortschaften auf.

Auf der weißen Straße, die Rosa mit San Floreano verband, bewegte sich der lange Maskenzug, der alljährlich von Cordovado nach Gruaro führte. Da fuhren geschmückte Wagen, der vorderste von der „Fiorita" aus Valvasone besetzt, die aus Leibeskräften mit Saxophon und Violine musizierte, dahinter zu Fuß die Maskengruppen, die in närrischem Treiben tanzten und sangen, wobei die riesigen Kopfmasken, die so groß waren wie die roten Büschel der Weiden am Grabenrand, auf und nieder schwebten.

Als die lange Prozession schließlich vorbei war, kleideten sich die Mädchen um. Der Umzug hatte sie so aufgeregt, daß sie noch ganz blanke Augen hatten. Sie liefen ins Dorf zum Kinderheim, wo sie den ganzen Tag mit den Vorbereitungen für die Aufführung beschäftigt waren, die am Nachmittag nach dem Vespergottesdienst stattfinden sollte.

Die große Stunde rückte rasch, allzu rasch heran. Die Heimkinder waren bereit. Mit einer Krone auf dem Kopf oder Flügeln auf dem Rücken standen sie in den Kulissen. Natürlich konnte man sie auf der Bühne nicht sich selbst überlassen, vor allem, da sie ja tanzen sollten. Die Erfahrung hatte gelehrt, daß die Kinder bei der Aufführung tüchtiges Lampenfieber hatten, auch wenn bei den Proben alles geklappt hatte. Jämmerliche Eigenliebe der Schwestern! Deshalb hatte man vor Jahren die Erzengel eingeführt. Cecilia, Ilde und die anderen wiesen jedem Kind seinen Platz an, beauftragten einige Schwesternanwärterinnen, die vielleicht noch leichtsinniger waren als sie selbst, dafür zu sorgen, daß die Kinder sich nicht von der Stelle rührten, und liefen jubelnd in den Werkraum im Erdgeschoß, um sich umzukleiden.

Lachend halfen sie einander in die langen Hemden – dieselben übrigens, die die Töchter Mariä zu Beerdigungsfeierlichkeiten anzogen –, die nun frisch gewaschen und plissiert und mit Seidengürteln versehen waren. Dann brachten sie an der Schulter die riesigen Flügel an, deren einzelne Federschichten weiß, blau und purpurrot gefärbt waren. Schließlich steckten sie sich oberhalb der Stirn einen großen Pappstern ins Haar, den sie zuvor geduldig mit Stanniol von Schokoladentafeln umwickelt hatten.

„Ach“, seufzte Ilde bei dieser heiklen Operation, „Dauerwellen müßte man haben!“

Keine von ihnen, nicht einmal die bravste, protestierte gegen diesen Stoßseufzer. Alle dachten, wie gut doch zu dem Stern eine Engelsfrisur oder eine Jeanne-d'Arc-Frisur gepaßt hätte. Übrigens hatten sie, um sich zu betrachten, nichts Besseres zur Verfügung als die Scheiben der Fenster, die sie geöffnet hatten, damit sie gut spiegelten.

Sie fröstelten, denn ein kühler Luftzug drang zusammen mit dem warmen Licht von dem besonnten kleinen Platz zwischen den leeren Häusern und den Gärten in den Raum. Und sie lachten, um das Wohlgefallen zu verbergen, das sie empfanden, als sie sich in dieser Aufmachung erblickten, wenn sie auch in der Fensterscheibe so durchsichtig schienen. Und sie lachten so sehr, daß sie Mühe hatten, bei den eigenen Spiegelbildern die Erdbeerfarbe der Wangen, die sie für alltäglich hielten, den Lichtfleck der fröhlichen Augen und die schwellenden, festen Brüste zu erkennen, die von dem groben Tuch nur mangelhaft verhüllt wurden.

Vielleicht waren sie von dem Gläschen Wermut benommen, das als Erfrischung gereicht wurde, als sie zusammen mit den Müttern und den wohlhabendsten Bauern im Salon rings um den Pfarrer saßen – jedenfalls waren die Faedismädchen den ganzen Nachmittag aufgeregt und in einer merkwürdigen Feststimmung.

Sie machten sich die Tatsache, daß sie im Kinderheim keine Rolle spielten, zunutze und gestatteten sich ein ungezwungenes und fröhliches Benehmen, das auf die anderen sogar ein wenig verletzend hätte wirken können, wenn man es nicht dem Mitteilungsbedürfnis der Jugend zugeschrieben hätte. „Gesegnete Jugend!" schien der Pfarrer zu sagen, wenn er vom Tablett einen Bitteren nahm oder sich einen Schluck Likör genehmigte.

Sie saßen eng beieinander, ein wenig abseits. Ihre Wangen glühten, und sie schwiegen verschämt, aber sie waren bereit, in eine ihrer unerklärlichen Lachsalven auszubrechen, sobald eine von ihnen sie mit einer bedeutungslosen Geste dazu reizte. Allein daß Ilde den Mund öffnete und den Wermut schluckte, brachte sie zum Lachen.

Nun aber war alles vorüber. Es ging so rasch – nichts blieb übrig von dem Fest als die Heimkehr, der Weg durch das menschenleere Dorf, über die Felder, die zwischen den Rainen wie ordentliche, saubere Zimmer wirkten. Der Küster allerdings machte nicht viele Umstände. Ohne sich im geringsten um den Umtrunk im

Kinderheim zu kümmern, läutete er schon die Glocken für den Gottesdienst. Wie kleine schwarze Mäuse huschten die alten Frauen über den harten, vom Wind zerriebenen Kies des Platzes in die Kirche.

Kaum waren die Faedismädchen nach dem Gottesdienst zu Hause, da wurden sie todtraurig. Sie konnten sich nicht damit abfinden, daß der Festtag vorüber war, denn die Sonne stand noch hoch. Ihre Strahlen beleuchteten die leeren Felder – es war eine unermeßliche Leere, sie reichte von den Mauern des alten Hauses, der Pumpe und dem hohen Nußbaum bis zu den Carniabergen, die wie Tuchfetzen waren, bleich und mattgolden auf violettem Grund.

Wie traurig, wie bedauerlich! Als wollten die Mädchen sich schadlos halten, überließen sie sich einem eigenartigen Fröhlichkeitsrausch. Sie lachten überall im Hause, wo sie einer Alltagsbeschäftigung nachgingen, obwohl sie noch die guten Kleider anhatten. Aber bald war Schluß, denn die Alten scheuchten sie kurzerhand in die Kammer, damit sie sich umzogen. Patschend liefen sie mit bloßen Füßen die nach Sauberkeit riechende Holztreppe hinauf.

„Dumme Gänse!“ schalten von unten die Frauen.

Ilde war plötzlich verschwunden, und die anderen hörten sie in der Jungenkammer lachen. Gleich darauf kam sie heraus und stellte sich in Nestos Sachen vor. Aber was war das für ein Nesto! Seine Hosen waren es zwar, aber da Ilde sie nun trug, waren sie riesengroß und schlaff. Auch Nestos vielfach geflicktes Arbeitshemd war es, und es roch frisch gewaschen, aber es sah aus wie das Gewand eines Zirkusclowns.

„Los, wir verkleiden uns auch!“ riefen die anderen. Sie umringten Ilde und waren ganz aus dem Häuschen.

Sie stürmten ins Zimmer und warfen die gesamte

Garderobe der Jungen durcheinander: Drillichhosen und Leinenhemden, Wehrmachtsmützen und englische Uniformjacken. Als sich alle fünf verkleidet hatten, stiegen sie eifrig drängend die Treppen hinunter, um sich den Frauen zu zeigen.

Die Frauen schüttelten anfangs mißbilligend den Kopf, doch dann lachten sie, wie Frauen lachen, wenn sie unter sich sind: Sie halten wie kleine Mädchen die Hand vor den Mund und rufen den Herrn an.

Schließlich befahlen sie den Mädchen, in die Kammer zu verschwinden und das Zeug auszuziehen, denn „jeder schöne Tanz ermüdet". Aber die Mädchen hörten gar nicht hin. Wie mutwillige Füllen liefen sie auf den Hof hinaus, der unter dem letzten Sonnenstrahl wieder in melancholische Starrheit versank. Die älteren Mädchen wollten die Freundinnen, von denen sie sich kurz zuvor erst verabschiedet hatten, zu Hause überraschen. Cecilia und Ilde dagegen wollten auf die Landstraße gehen. Am Ende gerieten sie in Streit und trennten sich voneinander. Als Cecilia und Ilde im Laufschritt die Landstraße erreichten, tauchte die Sonne bereits hinter die Carniaberge, und ihr letztes, noch immer mildes Licht streifte die Maulbeerbäume und die zerzausten rubinroten Weiden am Grabenrand.

Und siehe da, auf der Straße nahte von San Floreano her der Maskenzug, anfangs ein wirrer Lärm von Schritten, Stimmen und Musik, dann die Wagen, manche in Form großer Boote, einige als Hütten, andere als Türme hergerichtet, und sie schleiften manches Stück Immergrün und manchen abgerissenen Zweig hinter sich her durch den Straßenstaub. Vor den Wagen gingen, erschöpft und gebeugt von dem weiten Weg, die Narren in ihren wunderlichen Kostümen aus geflickten Bettüchern, Säcken, alten Kleidern, Bauernjoppen und

undefinierbaren Lumpen, die sie auf die Schultern gehängt hatten. Die Gesichter der Männer und der Frauen waren unkenntlich, denn sie waren bemalt, hatten falsche Bärte, und große Hüte waren in die Stirn gedrückt.

Zwischen den einzelnen Wagen waren im ganzen Zuge solche Fußgängergruppen verstreut; sie schlurften mühsam durch den Staub, der von ihren Schuhen nicht einmal hochgewirbelt wurde, sondern wie Seesand liegenblieb.

Dem ersten Wagen folgten schwankend auf den dünnen Beinen der Träger die großen Maskenköpfe, die einen Durchmesser von zwei, drei Metern hatten. Es waren lachende Fratzen mit weit aufgerissenem Mund, dunkelgeränderten Glotzaugen und rotglänzenden Backenknochen.

Sie alle trotteten müde, entkräftet und ziemlich still dahin – auch die in Frauenkleidern, die Größten und Kräftigsten.

Dann kam der Wagen mit der Kapelle, mit den Bläsern, die immer wieder ohne rechte Lust zum Spielen ansetzten. Weiter hinten tauchten von neuem Kopfmasken mit fächerförmigen Ohren auf, die wie Erhängte baumelten.

Cecilia und Ilde hatten sich ganz still hingesetzt und genossen zufrieden das Schauspiel, das sich ihren Augen bot. In ihren Hosen aus grobem Tuch saßen sie auf dem von der Sonne erwärmten Gras, das noch vergilbt war, aber hier und da bereits zartes Frühjahrsgrün zeigte. Sie hatten die Mützen in die Stirn gezogen, und an ihrer Kleidung blinkten kleine Sternstreifen in Grün, Orange, Violett und Gelb. So schauten sie zu, ohne sich zu rühren.

Nun nahte das Ende des langen Zuges, dessen Spitze bereits zwischen den ersten Häusern von Rosa verschwunden war. Hinterdrein zuckelte ein Wagen, begleitet von einer Schar junger Burschen, die eine Flasche herumreichten und tranken. Jetzt waren die Lieder derer zu hören, die eben in das Dorf einschwenkten, und die Kopfmasken an der Straßenbiegung wurden wieder munter. Da hatten es die Nachzügler auf einmal eilig, und ein Wort oder ein Witz oder ein Zuruf ließen die frohe Stimmung wieder aufleben.

Einige Burschen machten, bevor sie den Schritt beschleunigten, um zu dem abschließenden Gelage ins Dorf zu gelangen, lachend noch einmal halt und traten an den Rand des Grabens, dicht bei dem Feldrain, auf dem Cecilia und Ilde in der schon dunklen, kalten, aber noch von einer matten Helligkeit durchdrungenen Luft saßen.

„Na, wann soll denn die Hochzeit sein?" fragte einer laut, mit rauher Stimme.

„Bald", antwortete ein anderer.

„Bald?"

„Notgedrungen!" sagte der zweite schroff, fast schreiend. „Sie ist schwanger!"

Unterdessen bereiteten sich die Burschen ohne Rücksicht auf die beiden vor Verblüffung blinden Vögelchen am Feldrain vor, dem Graben, wie einer von ihnen sagte, ein bißchen Wasser zu spenden, da er doch den ganzen Winter über trocken gewesen sei. Der letzte in der Reihe, der erklärt hatte, er werde bald heiraten müssen, nestelte mit Betrunkenenfingern an der Hose, kam aber nicht damit zurecht. Da nahm er die riesige Maske ab und legte sie auf den Grabenrand, und über dem weißen Wollpullover erschien ein schwarzer Lockenkopf mit leuchtenden Augen. Es war Nini, stockbetrunken, von der Sonne und vom Wein ausgebrannt.

Er stellte sich also hin, um dasselbe zu tun wie die an-

deren, rücksichtslos und unaufmerksam wie ein Tier. Lange blieb er stehen, wie es bei Betrunkenen üblich ist, und er bemerkte nicht einmal die beiden kleinen Bauernmädchen, die plötzlich von dem niedergedrückten Gras des Feldrains aufgesprungen waren. Sie hatten die Mützen tief über die Ohren gezogen, wild flatterten die bunten Sternbänder – so rannten sie die Furchen entlang, schreiend, bis ihre Stimmen hinter den Rebstockreihen verhallten.

Wie sehr berührte es doch Ilde, wenn sie in die Kammer trat und Cecilias Strohsack ohne Bettuch zusammengerollt zwischen den ausgebreiteten Decken liegen sah. Obgleich sie ihn jeden Morgen, wenn sie die Kammer säuberte, zusammen mit ihrem eigenen aufschüttelte, schien es doch, daß sich eine Art unsichtbarer Staub für immer darauf gelagert hatte.

Der Raum war ziemlich finster, selbst bei schönem Wetter, denn die Fenster gingen nach Norden hinaus, den Bergen zu. Aber sobald Ildes Blick auf den stets ordentlich zusammengerollten Strohsack fiel, kam es ihr vor, als würde es noch düsterer. Deshalb vermied sie möglichst, ihn anzusehen, vor allem abends, wenn sie schlafen ging und er grau und sauber neben ihrem Strohsack lag. Sie kniete vor dem Bild des Heiligen Herzens nieder, unter dem zwei geweihte Ölzweige hingen – das einzige Verstaubte in dem Kämmerchen –, betete und kroch ohne die Freude von einst unter die Decke.

Andererseits hatte sich alles so rasch abgewickelt, daß sich Ilde noch gar nicht daran hatte gewöhnen können. Der Sommer war noch nicht einmal zu Ende, die Weinernte in vollem Gange, die kleinen roten Äpfel im Obstgarten eben erst geerntet und in die Horden getan ...

Und bei der Ernte dieser Äpfel, die den Faediskindern gehörten, weil sie von nur vier oder fünf Bäumchen hinter dem Komposthaufen stammten, war Cecilia noch zu Hause gewesen. Zusammen mit den Jungen, den Brüdern und Vettern, war sie auf das in heiterem Grün und Rot prangende Land gegangen, die Straße entlang, die das Gehöft von den ersten Feldern trennte, zu dem kleinen Obstgarten hin. Sie hatte die aus rohem Holz gezimmerte Leiter gegen die dünnen gekalkten Stämme gelehnt und sich durch das harte Laubwerk bis zu den rötlich blinkenden, frischen Äpfeln gezwängt, die kaum größer als Kirschen waren. Die Jungen lärmten und lachten in der vertrauten Stille ringsum, und selbst der Großvater kam dorthin, schleppte seine Krücken über die kalkgefleckte Wiese, auf der stellenweise noch Heu lag, und ließ sich auf dem Rand des Wasserbeckens nieder, das in der Anpflanzung stand. Dann und wann erschien auch einer der Erwachsenen, um bei der Ernte dieser Hausäpfel zuzuschauen, in Wirklichkeit jedoch, um mit den Jungen ein bißchen zu lachen. Cecilias Gesicht hatte schon einen neuen, recht geheimnisvollen Ausdruck, der ganz anders war als der gewohnte – es war Steifheit, Frömmigkeit und Dienstbarkeit, und das ähnelte dem Gehabe der Schwestern im Kinderheim. Cecilia lachte und scherzte mit den anderen, aber über ihrer Anwesenheit im Hause lag etwas wie Entrücktsein, ein Fernsein, das Ilde und den Jungen Scheu und zugleich besondere Zärtlichkeit einflößte.

Alles hatte mit Tränen und verzweifeltem Weinen begonnen, mit einem Schmerz, den niemand begriff und mit dem Cecilias Trennung von der Familie eingesetzt hatte, als wäre etwas in sie gefahren, was nichts mehr gemein hatte mit den Faedis und ihrem Leben.

Niemand hatte etwas bemerkt. Das Geschwätz und

die unschuldigen Scherze der Mädchen über Nini waren fast unvermittelt verstummt, ebenso wie sie einst entstanden waren, und man erinnerte sich nicht einmal mehr daran. So geschah es, daß an dem Tage, an dem Nini und Pia heirateten – es war im Mai zur ersten Heuernte, sie kamen mit den Freunden und den Verwandten auf dem Wagen am Gehöft der Faedis vorbei –, keiner Cecilia beachtete, die zusammen mit den anderen dort stand und zusah, die Heugabel in der Hand, erhitzt, und über das erste Heu hinweg zu dem Brautpaar hinüberlächelte.

Sie hatte alles für sich behalten, alles allein geregelt, nur der Pfarrer und Schwester Celeste, ihre Lieblingsschwester, wußten etwas ... An einem Septembertag, kurz nach der Apfelernte, ging sie fort. Oh, gar nicht weit, und doch schien es am Ende der Welt zu sein. Das Stammkloster der Schwestern vom Heiligen Herzen, in das sie als Novizin eintrat, war in Vittorio Veneto. Seit längerer Zeit hatte sie im Gesichtsausdruck, in den Bewegungen und im Verhalten in der Kirche und zu Hause die Art der Schwestern angenommen. Offenbar war das alte Landgut der Faedis nicht mehr der rechte Platz für sie, diese roten, bläulichen und dunkelgrünen, von Mais schier überquellenden Felder, die früchteschweren Erdbeer- und Ravostopflanzen. Als sie abfuhr, war der ganze Wagen voll junger Mädchen – der Wagen mit den riesigen Hinterrädern, hoch wie ein Thron, mit rohgezimmerten Seitenwänden, die schief und krumm waren. Cecilia in der Mitte auf dem Sitz, das Bündel vor ihren Füßen, und ringsum die Schwestern und Basen. Und nur Nisiuti, der Jüngste der Familie, nun schon ein strammer Junge, stand auf dem Bock, die Peitsche in der Hand, und das blonde Haar fiel ihm in die feuerrote Stirn.

Auf seinen Zuruf hin setzte sich das Pferd Marco, mit dem er schon als Kind gespielt hatte, auf dem festgestampften Boden des Hofes in Bewegung, verließ den Kreis der in feierliches Schwarz gekleideten Familie, die sich lärmend von Cecilia verabschiedete. Das Pferd trottete zum Tor hinaus, der hohe Nußbaum, die Pumpe und die Familie – ein schwarzer Fleck auf der Schwelle der Haustür – blieben zurück, und der Wagen bog in die Straße nach San Floreano ein. Das Gehöft der Faedis verschwand hinter den Weinbergen und den Bäumen, die den Graben säumten. In dem großen grünen Meer mit den roten und grauen Strudeln von Wiesenblumen war es still wie meist an Sommernachmittagen. Deutlich hörte man den Gesang einer Nachtigall im Dickicht und das unterdrückte Weinen Cecilias.

Sie fuhren die Landstraße entlang, vorbei an San Floreano, an dem großen Platz oberhalb des Bewässerungsgrabens und am Gasthaus, die kurvenreiche Landstraße, die unter einem grünen Gewölbe nach Casarsa führte. Da waren schon die ersten Häuser des Ortes, verräuchert, aus Steinen gefügt, und weiter ging es auf der Asphaltstraße, durch Pordenone mit den dicht aneinandergedrückten alten Fassaden, den hohen Bogengängen. Bauern kamen mit vollbeladenen Heuwagen herein, ein paar Soldaten und einige Damen tauchten auf, wie man sie in Rosa niemals sah. Schließlich langten sie bei dem neuen Bahnhof an. Der von Staub und Kalk weiße Vorplatz war ruhig wie ein Krankenhaus. Auf der Bahnhofstreppe standen stumm und schwitzend die beiden Nonnen, die Cecilia erwarteten. Der Wagen hielt bei ihnen an, und Nisiuti stieg ab, um dem Pferd rasch eine Handvoll Heu zu geben. Dann schaute er sich den Bahnhof, die Bahnhofsgaststätte und die Züge an.

Alle Mädchen und die Nonnen gingen geduldig und ängstlich erwartungsvoll in die leere Bahnhofshalle, die wie ein Backofen glühte.

Bald ertönte die kleine Glocke. Cecilia und die Nonnen zuckten zusammen und nahmen ihre Bündel auf. Die Mädchen begleiteten sie bis an die Sperre, wo sie sich um den hinkenden Bahnbeamten drängten, der selbstgefällig lachte.

„Tschüs!" riefen sie. Aber Cecilia wandte sich nicht um. Der Zug, der mit fürchterlichem Krach einfuhr, erschreckte sie und die Nonnen. Die Mädchen sahen die drei in einen Wagen dritter Klasse einsteigen, zwischen den Gesichtern junger Studenten und Arbeiter auftauchen und dann mit ihren langen grauen Baumwollröcken in einem Abteil verschwinden.

„Tschüs, Cecilia!" riefen die Mädchen immer wieder, und Ilde schluchzte verzweifelt. Dann setzte sich der Zug langsam in Bewegung, und hinter dem Bahnhofsgebäude und dem Bahnübergang bog er in die Kurve von Pordenone ein.

4 Nein, der Junge, der auf dem kleinen Bett im Krankensaal lag, war nicht Eligio! Dieses ausgezehrte Gesicht, das lange Haar, die Schultern, die unter der Decke hervorsahen, all das schien einem Dreizehnjährigen zu gehören, nicht aber Eligio.

Die bleiche Haut hatte eine undefinierbare Farbe, wie Eingeweide, die nie im Tageslicht waren. Im Widerschein der Schlafdecken war das Gesicht wie ein gelber Fleck, aber heller, und man konnte weder die Lippen noch die Pupillen unterscheiden, sie waren ebenso fahl und durchsichtig wie die Haut. Die Knochen in diesem Gesicht traten hervor, so daß es von den Jochbögen bis ans Kinn länger wirkte. Vielleicht war Eligio dadurch so entstellt und nicht wiederzuerkennen. Vor allem aber waren es die Augen: Er wandte den Blick zwar hierhin und dorthin, als suchte er einen Ausweg, ein vertrautes Gesicht, aber er bewegte nur die Pupillen, es war kein bewußtes Sehen.

Einmal lagen die Arme locker neben dem kindlichen Körper auf der Decke, einmal fuchtelte er im Delirium damit über dem Kopf, dann wieder schlug er angstvoll mit der Faust gegen die Wand, an der das Bett stand.

Diese krampfartige Geste wiederholte sich mit unbewußter Beharrlichkeit. Er blickte die Umstehenden kurz an, drehte dann den Kopf zur Seite und trommelte von neuem mit der Faust gegen die Wand. Es war Nacht, unter den brennenden Lampen im Saal versuchten die anderen Kranken zu schlafen. Lauter arme Leute waren es, und mehr als die Krankheit hatte die Bitternis des Elends den rissigen, abgezehrten Gesichtern ihren Stempel aufgedrückt, das Zeichen eines Lebens, das sie auf dem Acker, auf dem Strohsack, am schmierigen Tisch einer Kneipe, in dem Haus verbracht hatten, das sie mit zänkischen Verwandten teilen mußten. Und nun waren sie hier, in diesen Betten, ihrem Gebrechen überlassen. In diesen Augen war kein anderer Ausdruck mehr als der des Egoismus und des Entsetzens. Keiner wandte sich zu dem Bett um, in dem Eligio im Sterben lag. Nicht einmal die Eltern und die Freunde, die bei ihm waren, weckten ihre Anteilnahme. In diesem Krankensaal, der einem Korridor ohne Fenster und Tageslicht glich und in dem sie in Massen zusammengepfercht waren, geschah das fast jeden Tag – es war das Los der Armen, so zu sterben.

Stundenlang erkannte Eligio niemanden, dann schien er plötzlich wieder ein wenig zu sich zu kommen! Sein Vater und Onorino, die diesen Anblick seit Tagen gewohnt waren, traten näher heran und fragten, ob er etwas brauche.

Er sah sie kurz an und murmelte einige unverständliche Wörter, wie ein Kind, das eben sprechen lernt. In Wirklichkeit sagte er nichts, er reihte nur Silben aneinander und seufzte und gähnte, als litte er unter unsäglicher Anstrengung.

Nini und Milio kamen herein und traten dicht an das Bett heran. Der alte Pereisson stand auf, und die beiden Freunde drückten ihm die Hand.

„Nun ist es bald zu Ende“, sagte der Alte, und Onorino sah sie erschrocken an.

„Erkennt er keinen mehr?“ fragte Nini.

„Doch“, antwortete der Alte, „dann und wann.“

Nini beugte sich über den Kranken. Eligio lag ganz still und starrte ihn mit geweiteten Augen in dem eingefallenen Gesicht an. Unversehens wandte er sich ab, bewegte matt die Arme und schlug im Delirium gegen die Wand.

„Eligio“, rief Nini, aber Eligio hörte ihn nicht, er rieb die Wange an dem Kissen und trommelte gegen die Wand. Dann drehte er sich um und sah Nini wieder an. Er hatte kein Fieber mehr, er war ganz kalt. Lippen und Zahnfleisch waren ausgedörrt, die Haut war aufgesprungen. Nini war dem Freund so nahe, daß sich ihr Atem fast vermischte. Er legte ihm die Hand auf die Schulter und sprach ihn an. Aber Eligio erkannte ihn nicht. Er gestikulierte wieder wie im Wahn, als hätte eine schreckliche Angst ihn gepackt.

„Der Doktor hat gesagt“, murmelte Onorino, „daß es noch lange so weitergehen kann.“

Nini sah ihn an. Onorino hatte gefaßt gesprochen, aber in seinen Augen war eine Angst zu erkennen, die stärker schien, als er es sich vorstellen konnte.

„Ach, hoffen wir, daß es nicht so ist“, sagte der Vater. „Es ist besser, er stirbt rasch, wenn er wirklich sterben muß.“

„Aber es kann doch sein, daß er am Leben bleibt!“ rief Nini aus.

„O ja“, sagte Milio naiv.

Der Alte aber beugte sich über seinen Sohn. „Eligio“, sprach er ihn an, „sieh doch, wer dich besucht.“

Eligio hörte ihn nicht, er war wie eingeschlossen in dem Krampf, der ihn aufzehrte. Er bewegte jetzt die

Arme nicht, drehte nur langsam den Kopf hin und her, preßte ihn dabei aber kräftig auf das Kissen.

„Eligio", sagte Nini.

„Nichts", murmelte der Alte und schüttelte den Kopf. „Setzt euch doch, Freunde." Nini folgte der Aufforderung. Milio stützte sich auf den Bettrand. „Ach", sagte der alte Pereisson, „er war seit langem nicht auf der Höhe."

„Ja, ich habe es gewußt", bestätigte Nini. „Aber warum hat er sich nicht behandeln lassen?"

„Er war einmal beim Doktor", erklärte der Vater, „aber der hat nichts gefunden. Und er ist auch weiter in den Steinbruch gegangen. Als ich sah, daß er von Tag zu Tag dünner wurde, bis er fast nur noch ein Skelett war, sagte ich zu ihm: ‚Geh nicht mehr in den Steinbruch, Eligio.' Aber er hat nur gelacht und gefragt: ‚Und die Schuhe für Onorino und die Schürze für Mutter, wovon kaufen wir das?' Er ging also weiter zur Arbeit. Eines Tages wurde ihm im Steinbruch übel, und seine Arbeitskollegen brachten ihn nach Hause."

Sosehr sich die beiden Freunde auch bemühten, sie vermochten sich nicht vorzustellen, daß dieser Körper Eligios Körper war. Das eine hatte doch mit dem anderen nichts gemein. Von dem blitzenden Blau der Augen war nicht einmal ein Schatten geblieben, ebensowenig wie von dem eindringlichen, steten Lächeln, dem Lächeln, das er zum Beispiel an jenem Abend in Casale gezeigt hatte, als er, den Besen wie eine Gitarre im Arm, mit selbsterdachtem englischem Text einen Boogie imitiert, oder damals, als er die Fahne aus dem Winkel hinter dem Schrank hervorgezogen und über den Freunden geschwenkt hatte.

Dieses Gesicht, trocken wie Pergament und klein, dieses weiße Hemd, das den kleinen Körper bis ans

Kinn einhüllte, aber vor allem das kalte Fieber, das ihn zwang, sich unbewußt wie ein Kind oder ein Tier zu bewegen – all das machte ihn so schutzlos und so schwach, daß ihr Mitleid stärker war als der Schmerz, ihn sterben zu sehen.

Milio stützte den Ellenbogen auf den Bettrand. Er trug seinen weißen Staubmantel, den er von dem in der Schweiz verdienten Geld gekauft hatte, den er pfleglich behandelte und nur bei besonderen Anlässen anzog. Sein Blick ruhte auf Eligio wie auf einem Bruder, kaum daß er sich einmal ablenken ließ und wahrnahm, was ringsum vorging: Eine Schwester kam vorbei, ein Genesender stand auf und zog sich bedächtig die Schuhe an. Eine halbe Stunde später erschienen Eligios älteste Schwester Alba und einige Bekannte aus San Giovanni. Schweigend näherten sie sich dem Bett und betrachteten den Kranken. Er wälzte sich noch immer wie wild herum, hin und wieder flüsterte er unverständliche Wörter, nicht eine Minute lag er still. Einmal schob er das spitze Kinn vor und reckte den Hals, dann wieder preßte er die Wange auf das Kissen, wie er es schon den ganzen Tag über getan hatte.

„Eligio", sagte seine Schwester mit Tränen in der Stimme, „ich bin es – Alba."

Er wandte sich ihr zu und flüsterte: „Ja."

Alle drängten sich näher heran.

„Er versteht", murmelte Nini. Eligios Vater beugte sich über seinen Sohn, rief ihn an und rüttelte ihn am Arm. „Junge", sagte er, „sieh nur, wie viele gekommen sind, um dich zu besuchen."

„Ja, viele", antwortete Eligio deutlich, wie ein Kind, dem man ein Fest bereitet hat und das nun schüchtern dankt. Nini trat näher heran, und Eligios Vater und die Brüder überließen ihm den Platz an der Seite des Kranken, als hätte der Freund mehr Rechte. Doch Eligio schien ihn nicht zu erkennen.

„Wie geht es dir?“ fragte Nini.

„Ach, gut“, hauchte Eligio und krümmte sich wie im Krampf. Er warf von neuem den Kopf hin und her und schlug mit der Faust gegen die Wand.

„Du mußt gesund werden. Hörst du, Eligio?“ sagte Nini und neigte sich dabei so tief über ihn, daß er beinahe seine Stirn streifte. Eligio nickte.

„Erkennst du mich nicht, Eligio?“ fragte Nini.

Plötzlich wandte ihm der Kranke das Gesicht zu und murmelte hastig etwas. Das fiel ihm so schwer, daß ihm fast der Atem stockte. Er schloß die Augen und nickte immer wieder, als wollte er zu verstehen geben, daß er genau wußte, wer zu ihm sprach. Dann starrte er Nini lange an, und in seinen erloschenen Augen schien ein Lächeln aufzuglimmen. Er wies plötzlich mit dem Finger auf Nini, aber der Arm fiel gleich zurück, und stammelte stöhnend: „Eine Sache . . . eine Sache!“ Es war, als wollte er etwas sagen, was Nini und Milio wohlbekannt war. Aber er verstummte, brachte keinen Laut mehr hervor. In seinen Augen stand es. Er hätte es nicht einmal äußern können, als er noch stark und voll Leben war. Um so weniger vermochte er es jetzt, da er im Sterben lag.

Einige Tage später war der Hof der Pereisson so leer und sauber wie sonst nur an Sonntagnachmittagen, wenn die Frauen in der Kirche und die Männer ebenfalls fort waren, die Alten in der Kneipe, die Jungen wer weiß wo, vielleicht in den Nachbarorten.

Das gesammelte Schilfrohr war an den Dachpfosten säuberlich geschichtet, die Reisigbündel und die Bretter waren ordentlich gestapelt; kein Blatt, kein Maisstroh zeigte an den Rändern der Abflußrinne, die von der

Pumpe zu den Behältern auf dem Hof führte, sein hartes, kümmerliches, dem wolkenbedeckten Himmel gleichendes Weiß. Da kein Wind wehte, war der Frost unbewegt und nicht zu spüren. Auf dem Hof, an den die Gärten und dahinter die Felder anschlossen, war es still wie in einer verlassenen Kirche. Auch die anderen Familien, die sich mit den Pereisson in den Hof teilten, hatten die Fenster auf den leeren Galerien verrammelt. Hin und wieder, wenn von fern halbverwehtes Glockenläuten durch die Luft zitterte, wurde die Stille noch fühlbarer.

Auf dem Hof drängten sich einige Dutzend Menschen. Auch aus dem Hause der Pereisson drangen Geräusche, dumpfe Schläge und Stöße ohne Widerhall, als stiege jemand die schmalen Holztreppen hinauf oder hinunter. Das Gitter vor der Küchentür stand offen, und alle Augenblicke trat jemand dort ein, um sich von dem toten Eligio zu verabschieden, und kam bald darauf mit dem Hut in der Hand und mit gesenktem Kopf wieder heraus. Die Männer waren fast alle in feierliches Schwarz gekleidet. Die schwarz verschleierten Frauen bildeten Gruppen unter der Galerie, die zum Dachboden der Pereisson führte, und vor der Scheune. Durch die Tür, die sich zu der halbdunklen Küche öffnete, hörte man deutlich ersticktes Schluchzen. Bei einigen Männern – die jungen Burschen waren fast alle im Säulengang – stand Susanna. Er sprach leise mit Leon und Giovanni Blasut; dann und wann blickten sie zum Himmel auf, der bedeckt und weiß war und nach Schnee aussah. Vielleicht redeten sie vom Wetter oder von der Feldarbeit. Plötzlich lösten sie sich aus der Gruppe, nahmen die Kopfbedeckung ab und gingen ins Haus. Die Küche war aufgeräumt und roch sauber, der schwarze Herd in der Mitte, auf dem nicht ein Aschestäubchen lag, ließ sie größer wirken. Der eiserne Feuerbock glänzte. Außer der Tür gab es nur ein einziges Fensterchen hinter dem Herd, durch das trübes Licht hereindrang. In das Obergeschoß gelangte man nicht wie bei den anderen Wohnungen an diesem Hof von außen über die Galerie, sondern über eine schmale Treppe; sie begann vor der Eingangsöffnung eines verstaubten, gekalkten Kellers, dèn eine Glühlampe schwach erleuchtete und in dem Weinfässer, Korbflaschen, Säcke und Gummistiefel aufbewahrt wurden. In diesem Haus hatte Eligio zwanzig Jahre gelebt. Seine Kammer lag über dem Keller, die Wände waren gekalkt – an den schwarzen Deckenbalken und auf dem rohen Holzfußboden sah man noch die weißen Spritzer. Das Bett war ein altes, über zwei Böcke gespanntes Netz mit einer Maisstrohmatratze. Onorino, der in demselben Raum schlief, hatte nur einen Maisstrohsack. Nun aber lag Eligio nicht in seiner Kammer, sondern er war in der Kammer seiner Eltern aufgebahrt, der einzigen, die mit Möbeln ausgestattet war. Eligios Eltern hatten diese Möbel zur Hochzeit gekauft und so sorgsam gepflegt, daß sie noch wie neu waren: ein Bett, eine Kommode und zwei Stühle. Das Zimmer war immerhin so groß wie ein Dachboden; deshalb verloren sich die Möbel darin und wirkten auf dem sauber riechenden Fußboden noch dürftiger und ärmlicher. In der Nähe der Tür stand jetzt ein wurmstichiger Küchentisch, darauf in einem Glas Wasser ein Olivenzweig. In dem halbdunklen, kalten Raum drängten sich schweigend die Leute um das Bett.

Susanna und die anderen nahmen den feuchten Zweig aus dem Glas und schlugen mit ihm ein Kreuz in der Luft. Kurz darauf kamen einige Burschen die Treppe herauf, nicht ohne Lärm, und verkündeten, der Priester werde gleich dasein. Nun gingen fast alle wieder auf den Hof hinunter, wo inzwischen die Schwe-

stern mit den Kindern aus dem Heim eingetroffen waren. Ihre Holzschuhe klapperten auf dem Pflaster, als sie sich vor der Haustür rings um das kleine weiße Kreuz aufstellten, das eins von ihnen in frostroten Händchen hielt. Und wieder ertönten die Glockenschläge und brachen sich zitternd an den nackten Mauern von Romans. Gleich darauf betrat der Priester eilig den Hof, begleitet von den Meßdienern. Sie verschwanden in der düsteren Küche, und aus einem Winkel des Hauses war in der Stille deutlich heftiges Schluchzen zu hören. Im Stall bewegten sich schnaubend die Tiere, und im Garten tschilpten die Spatzen.

Beiderseits der mit Kalk geweißten Tür hingen armselige, kurze Girlanden; die Blumen darin waren so fahl, daß sie sich kaum von dem dunklen Grün der Blätter und dem Grau der Steine abhoben. Während sich die Leute im Hof zu einem Trauerzug formierten – sie unterhielten sich dabei laut, fast erleichtert –, ergriffen Onorino und Livo die eine Girlande, Chini und Ivano die andere. Sie hatten ihre dünnen Sonntagsanzüge an und froren jämmerlich. Sie versuchten, die Girlanden hochzuheben und im Gleichgewicht zu halten. Im Haus waren jetzt Geräusche zu hören – Poltern, Stimmen, Scharren von Füßen auf der Treppe – und dann laut und nahe das Jammern der Mutter, die Eligios Namen ausrief, als der Sarg geschlossen und hinausgetragen wurde.

Nini, Milio und die anderen Freunde nahmen den Sarg auf die Schulter, stiegen mühsam die Treppe hinunter und traten auf den Hof hinaus. Ihnen folgten die Angehörigen und die Nachbarn. Der Priester schritt dem Tor zu, die anderen schlossen sich ihm an. Der Trauerzug wendete sich nach Romans und schlug den Weg zur Kirche ein.